日本哲学入門

藤田正勝

講談社現代新書
2733

はじめに

もう半世紀近く前のことになるが、一九七八年の夏、私は大学院時代に取り組んでいたヘーゲル哲学の研究をいっそう深めたいと思い、また最新の研究に触れたいと考えてドイツに留学した。暑い夏であった。シュトゥットガルトの空港に降り立ったあと、重い荷物を引きずりながら語学研修のためにシュヴェービッシュ・ハルという南ドイツの小さな町に移動したことや、そこでベナンやマケドニア、メキシコ、タイ、韓国などの人と、肌の色や性別、国籍などを意識せずに、映画や文学、当時の社会問題や環境問題をめぐって議論したことをいまでも思いだす。これは私にとってはじめての海外体験であったが、さまざまなバックグラウンドをもった人たちと率直に意見を交わすことができたのは喜びであったし、いまでも大きな財産になっている。

語学研修を終えたあと、ルール地方にあるボーフム大学に赴き、オットー・ペゲラー先生が所長をしておられたヘーゲル・アルヒーフで三年半にわたって主に初期のヘーゲルの思想に関する研究を行った。とくに印象に残っているのは、ペゲラー先生がヘーゲルやハイデガーの哲学について講義されるなかで、ときおり西田幾多郎《きたろう》や田辺元《はじめ》の哲学に言及されたことである。私のなかにヨーロッパの哲学はヨーロッパの哲学、日本の哲学は日本の哲学という固定した観念があったからだが、それが新鮮だった。同じ土俵でドイツの哲学について語り、日本の哲学について語ってよいのだと気づいたのである。これが私の日本の哲学に関する研究の出発点になった。

帰国してから、西谷啓治《けいじ》、上田閑照《しずてる》、両先生を中心にして西田哲学の読書会が開かれていることを知り、参加させていただいた。本格的に西田の哲学と取り組んだのはそれからである。すぐにわかるようになったわけではないが、お二人の先生から教えを受けながら、理解を深めていった。現在でもヘーゲルやシェリングに関する研究を続けているが、この時期に私の研究のテーマは日本の哲学へと大きく変わっていった。

ちょうどその頃、一九九五年に京都大学文学部に日本哲学史の講座が開設され、思わぬことであったが私がその担当者となった。それ以来、二十年近くにわたって「日本哲学史」の講義を担当した。新しい講義を準備するのはたいへんではあったが、日本の哲学がもつおもしろさを感じ、心躍るような思いで講義を進めた。なぜ私が日本の哲学に魅力を感じたのか。一言で言えば、明治の初め以来、多くの人が哲学という学問を理解するために格闘し、それを踏まえて独自の思想を紡ぎだそうと必死になって努力しつづけた姿に共鳴したということになるだろうか。

もう少し詳しく言うと次のようなことになるかもしれない。日本では明治維新後、政治のあり方だけでなく、学問に関しても、西洋に倣い大きな変革が加えられた。哲学も、物理学や法学などと同じく、そのときに紹介された新しい学問である。それを理解し、受容するために人々は苦労を重ねた。そしてやがて西洋の哲学を学ぶだけでなく、自ら思索すること、自らの足で歩くことを始めた。そのことを示す記念碑とも言うべきものが、西田幾多郎が一九一一(明治四十四)年に発表した『善の研究』である。それは明治以後はじめて日本人の手によって書かれた哲学書として高く評価された。

その西田のもとに多くの人が集まった。西田は自分自身にも、そして弟子たちにも既存の哲学の跡を追うだけでなく、自ら思索することを求めた。一方で古典に学び、読むことの重要性を強調するとともに、同時に、そこから「生きて出る」ことを求めた。そのような姿勢を受けとめて、たとえば西田の後継者となった田辺元の「種の論理」や、西田のもとで学んだ三木清の「構想力の論理」など、多くの独創的な思想が生まれていった。

哲学という新しい学問を受け入れ、理解するために苦闘した人々の姿や、既存のもので満足することなく新しいものを生みだそうと努力しつづけた人々のいきいきとした思索に私は強く惹《ひ》きつけられたのである。

その歩みをめぐって私は研究を重ねてきた。そしてこれまでその成果を『日本哲学史』

（昭和堂）など、いくつかの書物にまとめてきた。それらを踏まえて今回、日本の哲学のおもしろさをできるだけ多くの方に——いままで哲学に触れたことがないという方、西洋の哲学についてはは学んだが日本の哲学についてはほとんど知らないという方、また日本の哲学をすでに学んだことがある方にも——触れていただきたいという思いから、本書の執筆を思い立った。

＊

本書では、日本の哲学の歩みを明治の初めから現代まで時間軸に沿って見ていくのではなく、①「経験」、②「言葉」、③「自己と他者」、④「身体」、⑤「社会・国家・歴史」、⑥「自然」、⑦「美」、⑧「生と死」という八つのテーマを設定し、それぞれの問題をめぐって日本の哲学者たちがどのような思索を重ねてきたのか、そこにどのような特徴があるのかを見ていくことにしたい。このように焦点を絞り、それぞれのテーマのもとで日本の哲学の歩みを見ていった方が、日本の哲学の魅力、おもしろさを読者の皆さんによりうまくお伝えできるのではないかと考えたからである。そのような観点から日本の哲学の歴史にアプローチした書はこれまでになく、日本の哲学の歴史の新たな像を描きだすことができるのではないかと考えている。そして、「おわりに」では日本の哲学が何を目指してきたのか、どのような点にオリジナリティがあるのかを総括することにしたい。

そもそも日本の哲学を学ぶ意義はいったいどこにあるのだろうか。それを知ることで何を得ることができるのであろうか。そのような疑問を抱く人もいるかもしれない。

簡単に答えることのできない難しい問題である。その点について考えるために、かつて私が日本哲学史の講義をしていたときに、一人の学生から受けた質問を手がかりにしたい。その学生は、哲学は普遍的な真理をめざすものであり、それに「日本の」という形容詞を付するのは適切なのだろうかという質問をした。もっともな質問であると思う。

第1講でも論じたいと考えているが、確かに哲学は、その成立以来、普遍的な原理の探究をめざしてきた。しかし普遍的な原理の探究であることは、ただちに使用される言語の制約から自由であるということを意味しない。私たちの思索は、私たちの文化・伝承の枠のなかでなされるのであり、一つ一つのことばのズレ、その集積としてのものの見方や文化そのものの差異が、「真なる知」を問う問い方、答えの求め方に影響を及ぼさないとは、とうてい考えられない。

ギリシアの哲学と、それを受け継ぐヨーロッパの哲学こそが唯一の哲学であるという考え方もあるが、私はギリシアの哲学もフランスの哲学もドイツの哲学も、それぞれの言語を用いてそれぞれの文化・伝承の枠のなかでなされる営みであり、その制約から自由ではないと考えている。

どのような問題について論じるのであれ、それぞれの長い歴史のなかで形作られてきた自然や神、人間や歴史をめぐる理解を踏まえて答が探究されていくのであり、そうした前提からまったく離れた——言わば無菌の——時空間のなかで思索がなされるわけではない。

私たちの知は私たちがものを見る視点の影響をつねに受ける。言いかえれば、私たちがものを見るとき、つねにその視点からは見えないもの、あるいはその視点設定のゆえに覆い隠されるものが生まれる。そのとき重要なのは、異なった見方を否定したり、排除したりすることではなく、それと対話することである。

日本の哲学はその対話に大きな寄与をすることができる。伝統を背負いながら、自ら主体的に思索するからこそ、他の文化・伝統のなかで成立した哲学と対話することができるし、哲学のより豊かな発展の可能性を見いだしていくことができる。そのことを視野に入れながらこれまで日本哲学史の講義を行ってきたし、本書でもそれを意識しながら話を進めていきたい。

それでは日本の哲学はこの対話においてどのような寄与をなしうるであろうか。独自性はどういう点にあるだろうか。それはこの本のなかで少しずつお話ししていくが、あらかじめ簡単に各講の内容について記しておきたい。

＊

第1講では、具体的なテーマについて論じるに先だって、まず哲学という学問が日本においてどのように受け入れられ、定着していったのかをふり返る。最初、重要な役割を果たしたのは、東京大学で教鞭を執った外国人教師のフェノロサやケーベルなどであった。その後、哲学という学問が定着し、日本人の手によって独自の研究成果が生みだされるようになったときに活躍したのが西田幾多郎や田辺元らであった。このような歴史を概観したあと、——先ほど触れた問題であるが——普遍的な真理の探究という哲学の課題と、それをとくに「日本の」という視点から考察することとのあいだの問題について考えたい。さらに日本では「哲学」から区別して「思想」ということばが用いられる。なぜ両者が区別されるようになったのか、その事情と妥当性についても考察を加えたい。

明治時代の初め、まったく知られていなかった哲学という学問に接したとき、それを理解するのは容易なことではなかったと想像される。第2講ではそこに焦点を合わせ、この時代に哲学がどのような関心から読まれ、どのように受容されていったのかをたどってみたい。それはとりもなおさず、当時の人々——具体的には西周《あまね》、福沢諭吉、中江兆民《ちょうみん》を取りあげる——が従来の世界観のどこに問題を見いだしたのか、新たに接した学問、とくに哲学のなかに何を見いだしたのか、さらにそれをどのような形で新しい社会のなかに生かそうとしたのかを見ることになる。

第3講からは視点を変え、具体的なテーマを取りあげて、日本の哲学者たちがどのような思想を展開したのかを見ていくことにする。まず取りあげるのは「経験」である。西田幾多郎が一九一一年に出版した『善の研究』は、先に述べたように、日本において哲学がようやく自らの足で歩くことを始めたことを示す記念碑とも言うべき書であった。西田がまず問題にしたのは「実在」、つまり真の存在、真の意味で「ある」と言えるものは何かということであった。西田が「実在」を問題にしたのは、それが西洋の哲学の中心問題でありながら、この問いに対して十分な答が出されていないと考えたからである。この問いに対して西田が示した答が「純粋経験」であった。それは西洋哲学との対決のなかから西田が見いだしていったものであり、それ以後の彼の思想の基盤となった。以上を踏まえて、戦後、「経験」という問題がどのように問われていたのかを、廣松渉《ひろまつわたる》や木村敏《びん》の「もの」と「こと」をめぐる思索を手がかりに見ていくことにする。

第4講では、「経験」との関わりにおいて「言葉」の問題について考える。西田は「純粋経験」とは、ある事柄について私たちが「これは〜である」というようにことばで表現する以前であると言う。しかし、言葉は私たちの物事を見るはたらきにはじめから関与している。私たちは言葉なしに物事を認識することができない。しかしそうであるとしても、言葉、あるいは言葉で言い表したものがそのまま経験であるとは言えない。そこに言葉をめぐる困難な、しかし決定的に重要な問題がある。このアポリア（難題）をめぐって考察したあと、戦後、上田閑照や坂部恵《めぐみ》、井筒俊彦、丸山圭三郎らによって言葉の問題がどのように議論されたのか、その跡をたどってみたい。

第5講では、「自己と他者」について考える。私たちはほんとうに「自己」について知っているのであろうか。むしろ自己自身を見つめるのを避けて生きているのではないだろうか。あるいは、相手の表情の背後にある「他者」そのものを私たちは知っているだろうか。私たちはそもそも「他者そのもの」に迫りうるのであろうか。「他者」と言ったとき、それはすでにかなたに逃れ去ってしまっているのではないだろうか。そうした問題を、井筒俊彦や西谷啓治、森有正《ありまさ》、坂部恵、西田幾多郎らの思索を手がかりに考察したい。

哲学では存在や人間は、往々にして意識・知・理性・論理（同一性）の側からとらえられることが多いが、むしろそこからあふれでるもの、それらによって覆い隠されるもの、具体的に言えば、感情や欲望、身体、無意識、環境、差異性といったものが大きな役割を果たしているのではないだろうか。そうした関心から第6講では、三木清の『哲学的人間学』や『構想力の論理』におけるパトス、身体、構想力をめぐる議論を取りあげる。さらに戦後に目を転じ、市川浩の身体論や中村雄二郎の共通感覚論、湯浅泰雄の東洋的身体論の現代的意義について考えてみたい。

日本の哲学の歴史のなかで京都学派が果たした役割は大きい。その思想上の一つの特色として、彼らの多くが「無」について語ったことが挙げられるが、そこでは現実の社会や国家、歴史についてもさかんに論じられた。その議論をリードしたのは、三木清や戸坂潤ら、西田や田辺から教えを受けた若い研究者たちであった。彼らは観念的な思索に傾きがちであった西田や田辺の哲学を批判した。その批判を承けて西田や田辺もまた現実の社会のなかにあるさまざまな問題について論じた。第7講ではとくに田辺元の「種の論理」の特徴、意義、問題点について考察を加えるとともに、西谷啓治や高山《こうやま》岩男、下村寅太郎らが参加した「世界史的立場と日本」と「近代の超克」をめぐる座談会が当時果たした役割、およびそれがいまも私たちに問いかける問題について考えてみたい。

第8講では「自然」を取りあげる。自然は古代から現代にいたるまで私たちの身近にあったし、ありつづけている。古代の人々はそれを観察し分析するのではなく、共感し、畏怖すべきものとして、自然と一体になって生きた。そうした自然のとらえ方は、たとえば人間がこしらえあげた「法世《ほうせい》」ではなく、「自然の世」こそが理想の社会であるという江戸時代の思想家・安藤昌益《しょうえき》の主張のなかにも受け継がれている。またいわゆる自然、客観的な存在としての自然ではなく、「志向的」存在である人間との関係のなかで出会われる「風土」こそ私たちの生の「具体的地盤」であるという、日本の倫理学研究の礎を築いた和辻哲郎の「風土」理解のなかにも流れている。和辻から刺激を受け、独自の風土論を作りあげたオギュスタン・ベルクの思想にも言及することにしたい。

第9講では「美」を問題にする。明治の初めに西洋の美学が紹介されて以降、日本でも美をめぐって、あるいは芸術をめぐってさまざまな思索がなされた。フェノロサや岡倉天心、西田幾多郎などが主張したように、人を「高尚に導く」点に美や芸術の意義があるというのも一つの考え方であるが、はたしてそれだけが美や芸術が果たすべき役割なのか、むしろ既成の秩序が支配する世界ではなく別の次元を切り開いていく点にこそそのレゾンデトル（存在意義）があるのではないかというのも、当然問われてよい問題であろう。フェノロサや岡倉は、芸術家とは「世の先覚」であるべきであり、その点において職人や工人から本質的に区別されると考えた。それに対して柳宗悦《むねよし》は、無名の職工人が作る工芸や民芸のなかに、芸術家が作る芸術作品にはない独自の美――柳はそれを「無事の美」とも「尋常の美」とも表現した――があるのではないかということを主張した。この柳の美についての理解も見てみたい。

最後に第10講では、「生と死」について考える。「生と死」は私たちが生きていく上でもっとも根本的な、そして切実な問題だが、私たちがその問題を正面から論じることは少ない。「死」は悲しみや嘆きと結びつけて文学や宗教のなかでさまざまな形で問題にされてきたが、哲学のなかではほとんど論じられてこなかった。そのような状況のなかで田辺元は例外的に「死」をめぐって深い思索を展開した。普通に考えれば、死によって相手との関わりは終わる。しかし田辺は、死は決して関係の終結ではなく、そこに新たな関わりが生まれうることを、言いかえれば関わりの新たな地平が開かれうることを主張し、その関係を「実存協同」ということばで言い表した。田辺元の弟子であった武内義範《よしのり》もまた「生と死」という論文のなかで光とそれに対抗する闇という比喩を使いながら「死」の問題を巧みに論じた。この論文も取りあげる。

＊

以上で本書の内容に触れたが、そのような考察から私たちは何を学ぶことができるであろうか。言いかえれば、日本の哲学について知り、学ぶ意義はどこにあるであろうか。

哲学とは私たちのものの見方や考え方に対する反省であると言うことができる。私たちがどのように物事をとらえ、どのように感じ、どのように考え、どのように行為しようとしてきたのか、あるいはしようとしているのかを知る営みである。日本の哲学者たちの思索はこの営みの軌跡である。

それは、いまを生きる私たちにとって無縁のことではなく、深い関わりをもっている。日本の哲学者たちの営みから私たちは私たちがどのように生きてきたのかを知る手がかりを得ることができるであろうし、それはまた、私たちがどのように考え、どのように行為すればよいかを考えるためのさまざまな示唆を与えてくれる。

読者の皆さんも本書を手がかりにして、自分自身のものの見方や考え方についてあらためてふり返っていただきたいと思っている。そしてそこから、別の考え方（それは具体的な対話を通して知る考え方の場合も、書物を通して知る考え方の場合もあるであろうが）と対話し、自らのものの見方や考え方をより豊かなものにしていっていただきたい。

哲学とは結局、この営みにほかならないと私は考えている。本書を通して過去の日本の哲学者の思想的な営みに触れるだけでなく、読者の皆さんがそこから自ら哲学する手がかりを得ていただければ、筆者としてこれ以上の幸せはない。

目次

第1講　「日本の哲学」とは

第1講では、哲学という学問が日本においてどのように受け入れられ、定着していったのか、その歴史をふり返る。そのあと、「日本の哲学」という表現がはらむ問題に触れたい。一般に哲学は普遍的な真理を探究する学問であると言われるが、それに「日本の」という限定することばを付してよいかという問題である。さらに日本では「哲学」から区別して「思想」ということばが用いられる。なぜ両者が区別されるようになったのか、その事情や妥当性について考察したい。

最初の「哲学」講義

日本で最初に哲学の講義がなされたのはいつであっただろうか。もしこのように問いかけられたら、多くの人が困惑するだろう。手がかりのない漠然とした問いだと思われる人が多いのではないだろうか。

私も長いあいだそう思っていたのであるが、近年のキリシタン研究に触れ、その答が出ていることを知り、驚いた。それは意外に古く、今から四四〇年余り前、一五八三（天正十一）年のことである。イエズス会の高等教育機関であるコレジオが一五八〇年に日本ではじめて豊後の府内に設立されたが、その年に人文課程の講義が開始された。そして一五八三年十月二十一日、人文課程を終えた神学生に対して哲学課程の講義が始められた。用いられたテクストは、イグナティウス・デ・ロヨラ（Ignatius de Loyola, 1491-1556）によって創立されたローマにあるコレジオ・ロマノで哲学と神学を教えたフランシスコ・デ・トレド（Francisco de Toledo, 1532-1596）によるアリストテレスの論理学解説であった。しかしこの府内での哲学講義はラテン語によって行われた。しかもその講義を聴いたのは五名のポルトガル人神学生であった。[*1] その意味では、日本における哲学の講義の実質的な始まりとは言えないかもしれない。

西周の哲学講義

日本語でなされた哲学の講義としては、おそらく西周のそれが最初であろう。西は明治維新後、森有礼《ありのり》や福沢諭吉らとともに明六社《めいろくしゃ》という団体を結成し、啓蒙家として活躍したが、維新前は江戸幕府の洋学研究教育機関であった蕃書調所《ばんしょしらべしょ》（のちに開成所、東京開成学校となり、東京医学校と合併して東京大学となった）[*2] に籍を置いていた。一八六二（文久二）年に軍艦発注のために派遣された幕府の使節に随行して、蕃書調所の同僚であった津田真道《まみち》とともにオランダに留学した。法学や経済学を学ぶことが主たる目的であったが、かねてから関心を抱いていた哲学に関しても多くの知識を得て帰国した。

帰国の翌年、西は当時京都に滞在していた徳川慶喜の側に仕え、フランス語などを教授した（それが慶喜の西洋の文物に対する強い関心を引きおこす一つのきっかけになったかもしれない）。その折、私塾を開き、多くの門弟に西洋の学問を講じた。詳しい資料が残っていないので確かなことはわからないが、そこですでに哲学の講義もなされたかもしれない。

西は維新後、明治政府（兵部省）に出仕したが、その際にも私塾（「育英舎」と呼ばれた）を開き、そこで一八七〇（明治三）年から「百学連環《れんかん》」という題目で講義を行った。「百学連環」はEncyclopedia（百科全書）の訳である（西がなぜそのような題目の講義をしたのかについては、第2講を参照されたい）。哲学のみを対象としたものではなく、学問全体に説き及ぶものであったが、同時に、簡単なものとは言え、「致知学《ちちがく》」（Logic, 論理学）や「理体学」（Ontology, 存在論）など哲学の諸領域にわたって概説を行い、また「哲学歴史」をも概観する講義を行っている。わが国においてはじめてなされた哲学概論、および哲学史の講義であったと言ってよいであろう。

私たちが現在使っている学問用語の多くは、この講義や一八七一（明治四）年から一八七三年にかけて執筆された「生性発蘊《せいせいはつうん》」（人間の生理と心理の根底にあるものを明らかにするという意）のなかで西が使ったものである。「幾何学」や「地質学」といった学問名、「立法権」や「元素」といった学術用語、「概念」や「命題」、「演繹《えんえき》」、「帰納《きのう》」といった哲学用語などがその例である。そして「哲学」という訳語もその例外ではなく、西に由来する（この点に関しても第2講を参照されたい)。

社会のなかの哲学

明治の初め、多くの西洋の学術書が翻訳され読まれたが、哲学書も多くの読者を見いだした。もっともよく読まれたものの一つは、J・S・ミル(John Stuart Mill, 1806-1873)の『自由について』(*On Liberty*)である。この書は一八五九年にロンドンで出版されたが、一八七一(明治四)年にすでに中村正直によって日本語に翻訳され、『自由之理』の表題のもとに出版されている。そのほか進化論が盛んに紹介されたこともあり、スペンサー(Herbert Spencer, 1820-1903)の著作などもよく読まれた。

これらは純粋の哲学書ないし学術書としてよりも、むしろ、西洋の文明の根底にあるものの考え方を知るための手がかりとして読まれた。さらに新しい社会を作りあげるための基盤となる思想がそこに求められた。ミルの『自由について』のなかにも自由民権運動を支える思想的な支柱が探し求められた。スペンサーの『社会静学』(*Social Statics*, 1851)などは、今日から見れば決してラディカルな内容をもつものではなかったが、『社会平権論』(松島剛訳、一八八一—一八八四年)という表題で出版され、板垣退助が「民権の教科書」と呼んだことからも知られるように、自由民権運動に共感を覚える人々に対して多大の影響を与えた。

大学のなかの哲学

しかしやがて、日本の社会の要請や課題ということから離れて、哲学自体に関心が向けられていった。それには大学が制度として整備されていったということが深く関わっている。つまり哲学は社会のなかの哲学から、徐々にアカデミー内部の哲学になっていったのである。それによって哲学の厳密な研究が可能になったが、同時に社会の改革に直接寄与する機会が減っていったことも否定できない。

東京大学が創設されたのは一八七七（明治十）年であった。その際、文学部には最初、「史学、哲学及政治学科」と「和漢文学科」の二学科が置かれた。一八七九年には第一学科は「哲学、政治学、理財学科」と改められ、一八八一年には「哲学科」、「政治学及理財学科」、「和漢文学科」の三学科となった。哲学科での教育に大きな役割を果たしたのは、フェノロサ（Ernest Francisco Fenollosa, 1853-1908）やブッセ（Ludwig Busse, 1862-1907）、ケーベル（Raphael von Koeber, 1848-1923）らの外国人教師であった。

商売人にまで広がった哲学

いま哲学はアカデミー内部の哲学になっていったと言ったが、他方では（ことばの上でのことであったが）広く社会のなかにも浸透していった。

三宅雪嶺《せつれい》は在野のジャーナリスト、評論家として名を馳せたが、もとはフェノロサのもとで哲学を学んだ人であった。一八八九（明治二十二）年に『哲学涓滴《けんてき》』（涓滴は水のしずくの意。自分の業績についてへりくだって「些細なこと」という意味で使うこともある）と題された書を出版している。それは日本ではじめてのまとまった西洋近世・近代哲学史であった。この書のなかで三宅は、かつては哲学やそれに類する学問は存在しなかったが、東京大学に哲学科が置かれてやっと知られるようになった、そして「今や普通の詞辞と為り、商売まで哲学々々と罵るも……」[*3]と記している。新しさを強調するためであろうか、あるいは何か奥深いものがあることをアピールするためであろうか、商売人も哲学ということばをひんぱんに用いたというのである。現在でも「食の哲学」とか「製品に込めた哲学」といった表現がなされたりするのはその延長だと言えるであろう。

東京大学で行われた哲学の教育

あらためて東京大学でどのような哲学教育が行われたのかを見ておきたい。最初に西洋の哲学を本格的に紹介したのは、日本美術を海外に紹介したことでも知られるフェノロサであった。フェノロサはハーヴァード大学で学んだのち、東京大学で動物学を教えていたエドワード・モースの推薦により一八七八〔明治十一〕年に東京大学に二十五歳で赴任し、政治学、理財学〔経済学〕と哲学史とを教えた〔のちには哲学を中心に教えた〕。一八八六年まで八年間東京大学に在職し、その後文部省、さらに東京美術学校に転じたが、東京大学在職中に、のちに東京大学の教授となる井上哲次郎をはじめ、多くの学生を指導した。

フェノロサの講義によってはじめて日本でカントからヘーゲルに至る近代ドイツ哲学が詳しく紹介された。この講義から受けた印象を、三宅雪嶺がのちに『大学今昔譚《こんじゃくたん》』と題した著作のなかで次のように回想している。「十一年八月、米国人フエノロサが来学し、最初予備門〔東京大学の予備教育機関、第一高等学校の前身〕にて経済学を担当し、大学で哲学を担当した。哲学科が独立しない間のこと、フエノロサの授業が頗《すこぶ》る面白く、学生の注意を唆《そそ》った。／それまで哲学は外山〔正一〕教授がスペンサーの第一原理〔*First Principles*, 1862〕を主にしたのをば、フエノロサが簡単にデカルトから初め、カント、フイヒテ、シエリング、ヘーゲルまで雄弁に説き立て、僅《わず》かの期間にドイツ哲学を紹介した。これは英学者が前に概ね知らず、世間に知れなかったところであって、今更のように耳新しく聞え、哲学とはそういうものかと人が興味を覚えるところがあった」。[*4]

フェノロサの講義を聴いた学生のなかには、坪内逍遙《しょうよう》、井上円了《えんりょう》、徳永（清沢）満之《まんし》、沢柳政太郎、大西祝《はじめ》らがいた。その多くが卒業後、哲学を講じたり、自ら哲学史を著したりして、日本の哲学の発展に大きな寄与をした。その意味で、フェノロサの講義こそわが国における西洋哲学史受容の基点となったと言っても過言ではない。

ブッセの哲学史講義

一八八七年には、フェノロサに代わってドイツからブッセが、そして一八九三年からはそれに代わりケーベルが来日し、東京大学で哲学を教えた。

ブッセは東京大学において論理学や審美学（美学）のほか、詳細な哲学史に関する講義を行い、演習には主にカントの『純粋理性批判』を用いた。厳密なテクスト解釈に依拠した哲学研究が行われるようになったのは、ブッセ以降であると言ってもよい。その点について、のちに京都大学、東京大学の教授となった桑木厳翼《げんよく》が『明治の哲学界』（一九四三年）のなかで次のように記している。「此《こ》のブッセは……哲学史の研究を盛んにしました。即ち此のブッセに依ってはじめて哲学が本当の歴史的に、学問的に研究されるようになったと言って宜いだろうと思います」[*5]。その影響をもっとも強く受け、厳密な哲学史研究に基づいた哲学研究の基礎を築いたのが、先ほど名前を挙げた大西祝であった。

教育者としてのケーベル

ケーベルは一八九三（明治二六）年にブッセと入れ替わる形で来日し、東京大学で哲学を担当した。ケーベルは研究者としてよりも、むしろ教育の領域でその力を発揮した。哲学だけでなく、ギリシア語、ラテン語、キリスト教史、ドイツ文学などを教えたが、とりわけギリシア古典、それを受け継いだ西洋の精神的伝統、つまり文学や芸術を尊重し、哲学を単にその成果の形においてではなく、むしろその源泉から、また広い文化的な伝統のなかに位置づけて理解することを学生たちに求めた。そのために現代語だけでなく、ギリシア語やラテン語などを学ぶことを学生たちに求めた。

西田幾多郎も一年間ケーベルの謦咳《けいがい》に接したが、ケーベルがなくなったときに記した「ケーベル先生の追懐」という文章のなかで次のように記している。「ケーベル先生という様な人は、逝かれてから、その学問上の功績について称《たた》えるよりも、寧《むし》ろ水の竹辺より流れ出るものは冷に、風の花裡《かり》を過ぎ来たるものは香しと云《い》った様に、その教養深き高雅なる人格が自ら周囲を薫した所に、先生の匹《たぐい》なき尊さを思い出すべきであろう」*6。このことばからも見てとれるように、ケーベルはその業績よりも、弟子たちへの学問的、人格的影響によって、大きな足跡を残したと言うことができる。

ケーベルと西田幾多郎、和辻哲郎

ケーベルは東京大学で一九一四(大正三)年に契約が切れるまで二十一年にわたって教鞭を執ったが、その間に波多野精一や田辺元、安倍能成《よししげ》、九鬼周造、和辻哲郎、阿部次郎、深田康算《やすかず》など、多くの俊秀を世に送り出した。

西田幾多郎は先の文章からも見てとれるように、ケーベルの人格に対しては深い敬意を抱いていたが、哲学という学問に対する向きあい方は大きく異なっていたようである。「ケーベル先生の追懐」のなかで「初から先生と傾向を異にしていた私は、先生の教えについて今日まで何一つ実行したものがない。ただ先生は私が煙草をのまぬのを見て、Philosoph muss rauchen〔哲学者たるもの、すべからく煙草を吸うべし〕とからかわれたが、今は煙草だけはのむ様になった」と書いている。どういう点で「傾向を異にしていた」のか具体的には書かれていないが、おそらくケーベルが教養を重視したのに対し、西田は哲学は教養ではなく、どこまでも学問的な営みであると考えていたのであろう。つまり、いままさに哲学が直面している問題、あるいは哲学が見逃している問題に正面から取り組み、その解決に向けて可能なかぎり努力することこそが求められていると西田は考えていたのであろう。

それに対してケーベルのもとで長く学んだ次の世代の人たちは、ケーベルの哲学に対する態度から強い影響を受けた。和辻哲郎（1889-1960）もその一人である。和辻が『ホメーロス批判』のなかで『イリアス』と『オデュッセイア』の原典批判の歴史について論じたり、『日本精神史研究』において古代の仏教美術に関する考察を行ったり、『原始仏教の実践哲学』においてブッダ伝の分析に向かったりしたのも、Philologie, つまり文献の学を重視したケーベルの影響があったからだと言えるであろう。それはまた波多野精一や九鬼周造のなかにも見いだされるし、阿部次郎のなかに典型的に見られるいわゆる大正教養主義も、そこから流れ出てきたと言うことができる。そこからもケーベルが日本の哲学の歴史のなかで果たした役割の大きさを見てとることができるであろう。

西田幾多郎と京都学派の哲学

明治時代は言わば哲学の受容の期間であったと言うことができる。その蓄積を踏まえて哲学は日本においてようやく自らの足で歩くことを始めた。そのことを示す記念碑とも言うべきものが西田幾多郎の『善の研究』（一九一一年＝明治四十四年）である。西田は旧制の第四高等学校教授、学習院教授などを経て一九一〇年に京都大学文科大学助教授（倫理学担当）となり、一九一四年から一九二八年まで哲学講座の教授を務めた。『善の研究』を発表したのちも、『自覚に於ける直観と反省』や『働くものから見るものへ』、『哲学の根本問題』など数多くの著書を発表し、西田哲学と呼ばれる独自の思想を作りあげていった。そのもとには久松真一や務台《むたい》理作、三木清、戸坂潤、西谷啓治、下村寅太郎ら、多くのすぐれた学徒が集まった。西田と京大の哲学講座を受け継いだ田辺元、そして彼らの弟子たちは京都学派と呼ばれているが、彼らが日本の哲学の歴史では大きな役割を果たした。

京都学派の特徴

京都学派とは西田・田辺を中心にして、その学問的・人格的影響を受けた者たちが相互に影響しあい、密接な関わりのなかで形成した知的なネットワークである。しかし彼らの関係はただ密接であっただけではない。彼らは相互に――したがって師から弟子に対してだけでなく、弟子から師に対しても――批判を行い、それから受けた刺激を原動力として、思想形成を行っていった。

田辺もまた「西田先生の教を仰ぐ」(一九三〇年)と題した論文のなかで自分の前任者である西田をきびしく批判した。この批判を踏まえて田辺は「種の論理」と呼ばれる独自の哲学を構築していった(第7講参照)。西田もまた田辺の批判を正面から受けとめようとした。「西田先生の教を仰ぐ」が発表された直後、西田は弟子の務台理作に宛てて次のように書き送っている。「田辺君の論文、誠に真摯な態度にして学界実にかかる気分の盛ならんことを切望に堪えませぬ。さなくば我国の学問の進み様がないと思います」[*7]。そして実際、それ以後、西田は田辺が問題にした「行為」や「歴史」の問題をめぐって思索を深めていった。このように批判を許すつながりであったという点に、京都学派の一つの大きな特徴があると言うことができる。

九鬼周造のモットーは『「いき」の構造』の「序」に見える「生きた哲学は現実を理解し得るものでなくてはならぬ」ということばに探ることができる。哲学は論理の世界に閉じこもるのではなく、現実に関わり、現実をありのままにとらえるものでなければならないというのである。それは直接には、彼がドイツ留学中に学んだハインリヒ・リッケルト（Heinrich Rickert, 1863-1936）ら、新カント学派の哲学に対して向けられたことばであったと考えられるが、西田の哲学もその念頭にあったかもしれない。

三木清はその思索の集大成とも言うべき『構想力の論理』において、一方で「私の研究において西田哲学が絶えず無意識的に或は意識的に私を導いてきた」[*8]というように、自分の思索の根底につねに西田哲学があったことを認めているが、しかしむしろそれに対する批判から思索の原動力というべきものをくみ取っていた。『構想力の論理』は、ロゴスに重点を置き、パトス的なものを考慮せず、行為の意味を十分に理解することができなかった西田の哲学を乗り越えようとする試みであったと言ってよいであろう。

戦後の日本の哲学

戦後、日本の哲学は転機を迎えた。戦争中、多くの思想家が時局の問題に積極的に、あるいはやむをえず発言したことに対して批判の目が向けられたことがきっかけだった。その結果、独創的な思索を生みだしていくことよりも、厳密な文献研究に力点を置いた研究がなされるようになっていった。

しかし——第3講以下で詳しく見ることにしたいが——戦後もまた注目される思想が生みだされていった。田辺元は一九四五年に京大を定年で退職したが、その後も旺盛な執筆活動を続けた。戦争中の思索への反省も込め、進むべき道を「哲学ならぬ哲学」としての「懺悔道《ざんげどう》としての哲学」のなかに求めようとした。また晩年には核兵器などの大量殺人兵器が生みだされていく現実をまのあたりにして「死の哲学」を構想した。

戦後、哲学界に足跡を残した大森荘蔵《しょうぞう》は、西田の「純粋経験」論にも通じるが、『物と心』（一九七六年）などの著作において、知覚と物、あるいは表象と対象とを区別し対置する二元論を批判し、対象は表象を通して現れるのではなく、そのような仲介者なしに、「じかに立ち現われる」という一元論の立場を展開した。山内得立《とくりゅう》（1890-1982）や廣松渉（1933-

1994）の「もの（物）」と「こと（事）」をめぐる思索も、実在とは何かという問題に一石を投ずるものであった。精神医学の領域で多くの業績を残した木村敏も精神病理学の知見を踏まえながら、「もの」と「こと」、両者の「共生」について論じた。

自己・身体・言葉

「自己とは何か」という問題をめぐっても興味深い思索がなされた。東洋の伝統的な思想はしばしば私たちの意識を私たちが意識しうる表層の領域に限定せず、その根底にある深層の領域にも目を向けてきたが、そのような伝統が改めて問題にされたと言ってもよいであろう。

たとえば上田閑照は『場所——二重世界内存在』（一九九二年）のなかで、——西田幾多郎が「有の場所」と「絶対無の場所」とを区別したことが踏まえられているが——私たちはただ世界の内にある（「世界内存在」である）だけでなく、同時に「虚空の如き無限の開け」においてあると述べている。自己同一性のなかに閉じた自己と、「自己ならざる自己」として「無限の開け」に開かれた自己とを対比的に論じている。

井筒俊彦も一九八五年に発表した『意味の深みへ——東洋哲学の水位』のなかで、「自己」の問題について、表層の意識の中心にある「自我」と「意識の深層において真に統合的な主体性の中核となる」「自己」とを対比しながら論じている。

哲学のなかでは感性や情念、身体、言語などには十分にまなざしが向けられてこなかったが、そうした問題が俎上にのぼるようになったのも、戦後の思想の特徴の一つである。身体をめぐる議論をリードしたのは、市川浩や湯浅泰雄らであった。彼らはアンリ・ベルクソン（Henri-Louis Bergson, 1859-1941）やメルロ＝ポンティ（Maurice Merleau-Ponty, 1908-1961）などの身体論を踏まえつつ、精神と身体との関わりをめぐって、あるいは東洋独自の身体理解をめぐって考察を行った。それに対して中村雄二郎は共通感覚やパトスを軸に身体の問題に新たな光を照射し、従来の知の「組みかえ」を企てた。

井筒俊彦は言葉の問題にも深い関心を寄せた。『意味の深みへ――東洋哲学の水位』において、慣習的な記号のシステムである「外部言語」は、意識下において互いにからみあった、ことばになる以前の「潜在的意味」の「創造的エネルギー」に支えられて成り立っているという独自の言語論を展開した。

丸山圭三郎は井筒の言語理解から刺激を受けながら、意識の表層においてラング化されたランガージュと、意識の深層にあって、いまだラング化されていないランガージュとを区別した。しかも両者を二項対立的に分離するのではなく、両者を円環運動のなかにあるものとして理解した（詳しくは第4講を参照）。

「日本の哲学」という表現がはらむ問題

以上、日本の哲学のおおまかな歴史をたどってみた。その歴史のなかで展開されたものを手がかりにして、日本の哲学が具体的にどのようなものであったのか（また、あるのか）、それがどのような魅力をもつのかということについて第2講以下で見ていくが、その前にいくつかの点について考えておきたい。

まず、「日本の哲学」について論じるにあたって、「日本の」というように、「哲学」にそれを限定するようなことばを付けることがふさわしいのかどうかという問題について見ておきたい。

かつて『岩波講座哲学』（岩波書店、一九六七―一九六九年）が刊行されたとき、最後に『日本の哲学』と題された巻が加えられたが、その際に、そもそも「日本の哲学」が何を意味しているかという問題から始まって、さまざまな議論が交わされたことを、その巻の編者（古田光・生松《いきまつ》敬三）が「はしがき」のなかで記している。

問題の一つは、おそらく、執筆者の一人である橋本峰雄が論文「形而上学を支える原理」のなかで書き記している次のような問題であったと推測される。「哲学ないし形而上学に冠せられる「日本の」という語には、あるいかがわしさ、といって語弊があれば、ある落着きの悪さがある……。「哲学」はいうまでもなく明治以降に西洋から受容した新しい学問であり、それは何よりも普遍性を本質としなければならない学問である。「日本の」という語がもっぱら特殊性・特異性を強調するために冠せられるものとすれば、「日本の哲学」とはひとつの形容矛盾でしかないであろう[*9]」。

他者との対話を射程に置いた主体的な思索

橋本の念頭にはおそらく、ナショナリズムを煽《あお》るためにことさらに「日本（主義）哲学」ということが叫ばれた歴史、あるいはそういうものへの回帰を目指すような風潮があったと考えられる。その観点から言えば、橋本の懸念ないし批判も意味をもつ。

しかし一般に「日本の」という形容詞を「哲学」ということばに冠することが形容矛盾であるのかという問題は、以上の問題と基本的に異なっている。確かに哲学は、その成立の時期以来、神話的な世界観、神話的な思惟を拒否して、「真なる知」、「普遍的な知」を目指してきた。普遍的な原理の探究こそが哲学であったと言ってもよい。

しかし普遍的な原理の探究であることは、ただちに使用される言語の制約から哲学が自由であるということを意味しない。私たちの思索は、私たちの文化・伝承の枠のなかでなされるのであり、一つ一つのことばのズレ、その集積としてのものの見方や文化そのものの差異が、「真なる知」を問う問い方に、そして答えの求め方に影響を及ぼさないとは、とうてい考えられない。日本語で思索する場合も例外ではない。

私たちの知は私たちがものを見る視点の影響をつねに受ける。言いかえれば、私たちがものを見るとき、つねにその視点からは見えなかったもの、あるいはその視点設定のゆえに覆い隠されたものが存在する。そのとき重要なのは、異なった見方を攻撃したり、排除したりすることではなく、互いに対話することであると考える。

異なった文化・伝統のなかで哲学の諸問題がどのように問われ、また答えられてきたかを見極め、それとの積極的な対話を通して主体的に思索することこそが求められると言ってよいであろう。私たちが哲学ということばに「日本の」という限定することばを冠するのは、そのような他者との対話、すなわち他者の他者性を認めるような対話を射程に置いてのことである。

より積極的に言えば、「日本の哲学」を知るからこそ、あるいは自ら主体的に思索するからこそ、他の文化・伝統のなかで成立した哲学と対話することができるし、哲学のより豊かな発展の可能性を探っていくことができると言えるであろう。

「哲学」か、「思想」か

明治時代は哲学を受容する期間であったと言ったが、その受容は、ただ単に西洋ですでに確立されたものを別の場所に移すという作業ではなかった。新しく紹介された哲学は、すでに成立していた世界観を基盤にして、それと混じりあう仕方で受け入れられていった。そうであるとすれば、そこで受け入れられたものを philosophy と同じ意味で「哲学」と呼ぶことができるのか、さらにその基盤となったものは「哲学」と呼びうるのか、もしそうでないとすればそれは何なのか、という問いが当然出されうる。この問いもまた難しい。

後者から見ていくことにしよう。その問いに答える形で一般に広く使われているのは「思想」ということばである。明治以前の思想的な営みは「哲学」ではなく「思想」であると言われるし、実際にそのことばがよく使われている。「日本思想史」と題した著作も数多い。

この「思想」ということば自体は古くからあるものではない。「哲学」と同様、明治になって広く使われるようになったものである。おそらく thought という英語に対応させて、人生や社会についてのある定まった見解という意味で広く使われるようになった。[*10] 明治以降、空海や親鸞、あるいは世阿弥や本居宣長が著したものは、「哲学」と呼ばれずに、この「思想」ということばで呼ばれてきた。

その点で興味深いのは、中国とのちがいである。中国では、日本で「哲学」ということばが定着したのを受けて、philosophy の訳語として「哲学」ということばが使われはじめ、現在ではそれがごく普通に使われている。そして老荘思想や孔孟の思想も含める形で「中国哲学史」が書かれている。おそらく倫理学や政治哲学、あるいは論理学にあたるものが中国の伝統思想のなかにも存在すると考えられたからであろう。

なぜ「思想」という表現が使われたか

それに対して日本ではなぜ古代から現代に至る「日本哲学史」というものが書かれなかったのか。なぜ空海の哲学や世阿弥の哲学と呼ばれず、空海の思想、世阿弥の思想と言われてきたのか。

この問題を考える手がかりを和辻哲郎の『日本倫理思想史』(一九五二年)のなかに求めることにしたい。そこで和辻は、ある歴史的社会的な制約のもとで成立し、つねに変化していく「倫理思想」の歴史をたどるべきか、「倫理思想」がもつ歴史的社会的制約の枠を超えて、それを普遍的な地平において問題にし、その理性的な根拠を問う「倫理学」の歴史をたどるべきかを考え、前者を選択したと記している。日本の歴史のなかでは、「厳密な意味で倫理学と呼ばれてよいようなもの」がほとんど存在しなかったというのがその理由であった。

倫理だけでなく、美や芸術に関しても類似の事情がある。日本においてももちろん、美や芸術をめぐって古代からさまざまな思索がなされてきた。しかし、「美とは何か」という原理的な問いが立てられることはまれであった。多くの場合、――世阿弥の能楽論などに典型的に見られるように――実際の創作活動や表現活動に密着したところで美とは何かということが考えられ、美をめぐる思索が蓄積されてきた。

日本の思想風土のなかには、理論や知よりも、実践を重視する伝統が存在してきたと言ってもよいであろう。そこに「思想」という表現が好んで用いられた理由を探ることができるのではないだろうか。

「思想」の特徴と限界

「思想」という表現を用いることとは、実際の活動の場に密着したところで積み重ねられてきた思索をそのままに（その豊かさのままに）とらえることを目ざす上では有効であり、十分な意味がある。しかし、もし事実の把握にとどまり、原理的な考察を欠いたままに終わるのであれば、それを歴史的文化的制約から解き放ち、より広い世界で生かす道が阻まれるのではないだろうか。

私はそのような試み――伝統的な思想を歴史的文化的制約から解き放ち、より広い世界で生かす試み――をも「日本の哲学」のなかに含めて考えている。記紀万葉の時代からの日本の哲学の歴史を詳しくたどってみたいというのも、私が現在抱いているプランの一つである。ただ本書では紙数の関係と私の力量との関係から、西洋の哲学に触れて以降、哲学がどのように受けとめられ、どのように受け入れられていったのか、そしてそこからどのようにして独自の思索が展開されていったのかに焦点を絞ることにしたい。

日本で成立した哲学を「哲学」と呼びうるか

　さて、先ほど指摘した二つの問題のうちのもう一つの問題を取りあげることにしたい。明治の初めに哲学が受容されたとき、すでに成立していた世界観を基盤にして、それと混じりあう仕方で受け入れられていった。たとえばphilosophyが最初、北宋時代の儒学者・周敦頤《しゅうとんい》（濂渓《れんけい》、一〇一七―一〇七三年）の『通書《つうしょ》』のなかの「聖は天を希《こいねが》い、賢は聖を希い、士は賢を希う」ということばを踏まえて「希哲学」と呼ばれ、やがて「哲学」と呼ばれるようになったということにも見てとることができる。そういう仕方で成立していったものをphilosophyと同じ意味で「哲学」と呼ぶことができるのかという問題である。

　私は、哲学が普遍的な原理の探究であるとしても、それぞれの言語を用いてそれぞれの文化・伝承の枠のなかでなされるのであり、その制約から自由ではないと考えている。その点では、日本の哲学だけでなく、ヨーロッパの哲学も、したがってギリシアの哲学もフランスの哲学も同じである。日本の哲学もギリシアの哲学もフランスの哲学も同じ資格において哲学であると私は考えている。同様に、古代の哲学、中世の哲学、近代の哲学などを区分することにも十分な理由があると考えている。

哲学間の対話による「世界哲学」への寄与

ギリシアの哲学もフランスの哲学もドイツの哲学も、そして日本の哲学も唯一の「哲学」ではない。それぞれの哲学には、その視点から見えるものと見えないものがある。それぞれが他にない独自性をもつとともに制限をもつ。それを踏まえて対話することが重要なのである。そのことによって少しずつ前に進むことが可能になる。それが「哲学」の営みだと言えるのではないだろうか。

近年しばしば「世界哲学」(world philosophy) ということばが使われるが、それは唯一の「哲学」のことを指すのではない。いま述べた対話自体を指すことばとして理解しなければならないであろう。「世界哲学」とはそれぞれの文化の伝統のなかで成立した哲学のあいだでなされる対話の営み、あるいは対話がなされる場所であると私は考えている。本書がこの「世界哲学」の形成に寄与することができれば、これほどうれしいことはない。本書のなかにそのような可能性をもった芽がないかどうか、そういう観点から読者の皆さんにも本書を読んでいただきたいと思っている。

以上のような見通しのもとに、第2講であらためて明治の初めに哲学がどのような形で受容されていったのかを見てみたい。当時の人々は従来の世界観のどこに問題を見いだしたのか、新しく紹介された哲学をどのような形で新しい社会のなかに生かそうとしたのかを見ていくことにしたい。

＊1　フーベルト・チースリク（Hubert Cieslik）「府内のコレジョ――大友宗麟帰天四百周年によせて――」、『キリシタン研究』第二七輯（一九八七年）、一〇一頁以下。

＊2　東京大学は何度か名称を変更している。一八八六年に「帝国大学」に、一八九七年に「東京帝国大学」になった。また戦後、ふたたび「東京大学」に名前を変えた。いちいち区別するのはわずらわしいため、「東京大学」、場合によっては「東大」という名称で統一した。それにあわせて「京都帝国大学」も「京都大学」、「京大」と表記した。

＊3　三宅雪嶺『哲学涓滴』（第二版、吉川半七、一八八九年）一七頁。引用にあたっては、読みやすさを考慮して、旧漢字は新漢字に、旧仮名遣いは新仮名遣いに改めた。以下、他の著作に関しても、同様に新漢字・新仮名遣いで表記した。

＊4　三宅雪嶺『大学今昔譚』、我観社、一九四六年、三五―三六頁。

＊5　桑木厳翼『明治の哲学界』（中央公論社、一九四三年）四五―四六頁。

＊6　『西田幾多郎全集』（岩波書店、二〇〇二―二〇〇九年）第一一巻二三一頁。

＊7　『西田幾多郎全集』第二〇巻三九九頁。

＊8　『三木清全集』（岩波書店、一九六六―一九六八年）第八巻六頁。

＊9　『岩波講座哲学』第一八巻『日本の哲学』（一九六九年）五三頁。

＊10　井上哲次郎らが編纂した『哲学字彙』（一八八一年）においても、thought に「思想」という訳語があてられている。

第2講　哲学の受容

本書では「経験」や「自己」、「自然」、「美」などのテーマを立て、日本の哲学がどのような思索を展開してきたのか、その特徴や意義について考え、魅力を明らかにしたいと考えている。本講ではそれに先だって、明治の初めに哲学がどのように受けとめられ、どのような形で受容されていったのか、その苦闘の跡をたどってみたい。それはとりもなおさず、当時の人々――具体的には西周、福沢諭吉、中江兆民を取りあげる――が従来の世界観のどこに問題を見いだしたのか、新たに接した学問、とくに哲学をどのような形で新しい社会のなかに生かそうとしたのかを見ることになるであろう。

philosophy の訳語をめぐって

私たちはいま、英語の philosophy（ドイツ語の Philosophie, フランス語の philosophie）をためらいなく「哲学」と訳すが、なぜそれが「哲学」と訳されるようになったのか、疑問に思われる方もいるにちがいない。「哲」は言うまでもなく、ことの道理や筋道に明るいことを指す漢字であり、聡《さと》いという意味でも使われる。一方、philosophy は、ソクラテスがしばしば使ったと言われているが、ギリシア語の σοφία（sophia, 知）と φιλεῖν（philein, 愛する）の合成語である φιλοσοφία（philosophia）というギリシア語を現代語にしたものである。「知を愛する」というのがもとの意味である。

philosophyということばをどう訳すか、そのことばにはじめて接した人は頭を悩ませたにちがいない。幕末から明治の初めにかけて、「窮理学《きゅうりがく》(究理学)」や「性理学《せいりがく》」、「理学」、「理論」、「玄学」、「知識学」などの訳が試みられた。そのなかでもっとも有力であったのは「理学」であった。多くの語学辞書がphilosophyを「理学」と訳しているし、明治初期に広く読まれたJ・S・ミルの『自由之理』(中村正直訳)でも「理学」と訳されている。

当時の儒学者に大きな影響を与えた宋学《そうがく》(中国の宋代に興った儒学)、あるいは朱子学は、すべての存在や現象の根底に「理」という普遍的な原理を想定した。そのために「性理学」(理と気、および心性、つまり人間の本性を探究する学)とも、また単に「理学」とも呼ばれていた。当時の人々は、新しく触れた哲学をこの「理学」に重ねて理解しようとしたと言ってよいであろう。

「希哲学」から「哲学」へ

しかし、西周はこの「理学」という訳を採用しなかった。あくまでも「知を愛する」という原義に従い、philosophyを最初「希哲学《きてつがく》」と、そしてやがて「哲学」と訳した。

オランダに留学する直前、一八六一(文久元)年に津田真道が執筆した「性理論」に寄せた跋《ばつ》のなかで西は「希哲学」という表現を用いている。帰国したあと、一八七〇(明治三)

年ころから「哲学」という表現を使い始めたようである。津田の方は「求聖学」や「希哲学」という訳を用いているが、これらはともに、第1講で触れた周敦頤『通書』のなかの「聖は天を希い、賢は聖を希い、士は賢を希う」ということばを踏まえた訳であったと言えるであろう。

それでは西はなぜ「希哲学」の「希」を略して「哲学」としたのであろうか。その点に疑問をもたれる人もいるかもしれない。もっともな疑問だと思うが、残念ながら西はそれに関しては何も述べていない。忖度《そんたく》の域を出ないが、次のように考えられるかもしれない。ソクラテスはたしかに知を愛することの重要性を強調したが、哲学はその後、存在の本質や根本原理を探究する知の学として発展を遂げていった。それを表現するためには「哲学」の方がふさわしいと考えたのかもしれない。

「哲学」という訳語は、西が使い始めてから徐々にひろまり、定着していった。それを決定的にしたのは、一八七七（明治十）年に東京大学が設立された際、文学部に「史学、哲学及政治学科」が置かれたことであった。哲学用語の確定に寄与したのは井上哲次郎らによって編まれた『哲学字彙《じい》』（一八八一年）であるが、そこでは辞書自体の名前が示すように、philosophy は基本的には「哲学」と訳されている。しかし興味深いことに、「実践哲学」ではなく「実践理学」というように、「理学」という訳も併用されている。

なぜ西周はphilosophyを「哲学」と訳したのか

日本における儒学の伝統、そして西自身の素養（西は最初朱子学を学んだ）ということを考えれば、「理学」という訳が選択される可能性は十分にあったと考えられる。それにもかかわらず西はなぜ「哲学」という訳を選んだのであろうか。

西の意図を推し量る手がかりになるのは「生性発蘊」の次の文章である。「理学理論ナド訳スルヲ直訳トスレドモ、他ニ紛ルコト多キ為メニ、今哲学ト訳シ、東洲〔東洋〕ノ儒学ニ分ツ」[*1]。直訳としては「理学」ないし「理論」という訳が適切であることを認めながら、「他ニ紛ルコト多キ為メ」に「哲学」という訳を選択したことがここで言われている。「他ニ紛ル」というのは、儒学と混同されることを慮《おもんぱか》ってのことにほかならない。[*2]

西はなぜ儒学と混同されることを回避しようとしたのであろうか。オランダに留学した頃には西は、西洋の哲学も儒学も、すべての存在を貫く理法を明らかにし、道徳の原則を立てるという点で同一であるという理解をもっていた。しかし、一八七〇年から開始された「百学連環」の講義では、哲学が儒学とは異なった西洋独自の学問であることを強調している。たとえば「此編中説き示す所は〔たとえば神理学（＝神学）の部では〕和漢西洋と順序を以てせしが、哲学の部に至りて西洋を以て先きになせしは、我が国の如きは更に哲学と称すべきものすくなく、漢の如きも西洋の比にあらざるに依るところなり」[*3]と述べている。

宗教については日本から叙述を始めたのに対し、哲学に関しては、西洋の哲学に比すべきものが東洋にはほとんど存在しなかったが故に、叙述の順序を変えて西洋から始めたということがここで言われている。

もちろん西も、両者のあいだに共通するものがまったく存在しないと考えていたわけではない。とくに「名教学」と訳された倫理・道徳に関する学、つまりethicsについては、両者に内容上の重なりがあることを認めている。しかし他の分野に関しては、西は西洋のそれに比すべきものが東洋には存在しなかったことを主張している。

哲学と儒学との違い

哲学と儒学とのあいだの根本的な相違を西は「百学連環」のなかで次のように言い表している。「哲学は東洲の儒学と称するものにて、此《この》儒学の根元は鄒魯《すうろ》〔魯の人である孔子と鄒の人である孟子〕とす。其《その》鄒魯より以来《このかた》学者たるもの其孔孟の学派を連綿と相続し来りて、更に変革することとなしと雖《いえど》も、西洲〔西洋〕の学者の如きは太古より連綿其学を受るといえども、各々の発明に依《より》て前の学者の説を討ち滅《け》し唯《た》だ動かすべからざるのことのみを採るが故に、次第に開け次第に新たなるに及べり」。*4

ここから見てとれるように西は、儒学の特質をその起点となる孔子・孟子の教えのなかに「真理」を置き、それを代々受け継ぐことを求めてきた点に見いだしている。

それに対して西洋の学問においては「真理」はそれとは根本的に異なった仕方で受け取られてきたというのである。もちろん一面では学問は伝統との関わりなしには成立しえない。しかし、その根底にあるのは、伝統をそのまま前提とするのではなく、それに対して批判と検証を加えることによってはじめて事柄の真相に至りうるという真理観である。真理はつねに発展のうちにあると考えられてきたと言ってもよい。西が哲学と儒学とのあいだに明確な一線を引こうとしたのは、その認識を踏まえてのことであった。そして西が「理学」ではなく、あえて「哲学」という新造語を使ったのは、このような相違を際だたせるためであったと考えられる。

西周はなぜ「百学連環」の講義をしたのか

西は、西洋の学問は根本において儒学と異なっており、それを紹介することが明治の新しい世の中で重要であり、自らの果たすべき役割であるという意識を強くもっていたと考えられる。それを実現するために西が行ったのが「百学連環」の講義であった。しかし、なぜそのようななじみのない題で講義をしたのか、そもそも「連環」とは何なのかという疑問をもたれた人も多いに違いない。

しかしまさに「連環」ということばに、西が西洋の学問をどのようにとらえていたかがよく現れている。西は西洋の学問を、法学や経済学、物理学や化学といった個別科学の単なる集積としてではなく、それらが相互に有機的に連関しあった一つの全体として理解していた。学問は本来、相互に連関しあった一つの体系をなすものであるという理解が西のなかにあったのである。

なぜ西は体系的な、あるいは総合的な視点をもつことができたのであろうか。

オランダ留学中、西と津田はライデン大学の経済学・統計学の教授であったシモン・フィッセリング（Simon Vissering, 1818-1888）から自宅で直接講義を受けた。フィッセリングは二人を前に「性法（自然法）」、「万国公法（国際法）」、「国法（憲法）」、「制産学（経済学）」、「政表（統計学）」の五つの学問を二年間にわたって講義した。講義に先だってフィッセリングはもっとも基礎的なものから始め、その連関にしたがって順次講義していくという方針を彼らに語っている。

この講義の仕方が西の学問理解に大きな影響を与えたのではないか。つまり、西はフィッセリングのもとで、西洋の知がさまざまな学問の単なる集合体ではなく、一つの「知の体系」であることを学んだのではないかと考えられる。

実証主義の思想

さらにオランダ留学中にオーギュスト・コント（Auguste Comte, 1798-1857）の思想に触れたことも、西がそのような視点をもつに至った大きな理由であったと推測される。

その頃、オランダにおいてもっとも有力であったのは、オーギュスト・コントの実証主義や、ベンサム、J・S・ミルらの功利主義の思想であった。帰国後、西はそれらによって西洋の学問が大きな発展を遂げたことをくり返し語っている。たとえば「生性発蘊」のなかでも、コントの哲学が引きおこした一大変革について語っている。

当時、学問、とくに物理学や化学、医学など実証的な学問の発展にしたがって、個々の領域では詳しい知識が蓄積されていったが、それぞれの学問が学問全体のなかでどのような位置を占めるのかということに関して、誰も適確な判断を下すことができない状況が生まれていた。自然科学に携わる人たちはその課題を哲学者に委ねようとしたが、哲学者の方も科学に関する知識が乏しくその課題を果たすことができなかった。そのような状況のなかで、個別諸科学の成果を踏まえつつ、それらに「統一の観〔統一的視点〕」を与え、学問に根本変革を引きおこしたのが、コントの実証哲学であった。具体的には『実証哲学講義』（*Cours de philosophie positive*, 6 vols., 1830-1842）のなかで展開された彼の哲学であった、と西は述べている。

このようなコント哲学についての理解、そしてその問題意識への強い共感があったために、西は、西洋の学問を日本に紹介するとき、それを一つの「知の体系」として紹介しようとしたと考えられる。

西洋の学問の特質

日本のように、長い期間にわたって外部との交渉を閉ざしてきた国が、突然、異質な、しかも高度に発達した文明に接触したとき、知識人が担わなければならなかった課題の一つ——しかもきわめて大きな課題の一つ——は、異質な文明、あるいはそれを支える知が——それまで自らの国で支配的であった知と比較したとき——いかなる特質をもつのか、総体としていかなる知であるのかを語らなければならなかったという点にある。日本の思想家のなかで、まっさきにその課題に正面から取り組んだのが西周であった。もちろん法学なら法学、経済学なら経済学といった個別の学問なり知識を導入することも当時の日本において重要な課題であったし、西自身、フィッセリングの国際法に関する講義を『万国公法』（一八六八年）という表題で出版したり、ヘヴン（Joseph Haven, 1816-1874）の *Mental Philosophy*（1857）を『心理学』（全三巻、一八七五—一八七六年）という名のもとで刊行したりしている。しかし西は、新しく接した学問が旧来の学問といかなる点において本質を異にしてするのか、この点を明らかにすることをより重要な課題としてとらえたのである。まさにその課題に、そして――木に竹を接ぐように、つまみ食い的に個別の学問を受容して従来の学問との折衷を図っていくのではなく――学問全体をその根本から変革することに取り組んだ点で、西は明治初期の知識人のなかできわめて大きな役割を果たしたと言うことができる。

帰納法への注目

いま、西は新しく接した学問が総体として、旧来の学問といかなる点において本質を異にするのかを明らかにすることを重要な課題としてとらえていたと言った。そういう観点で西が何より注目したのは、学問の方法としての帰納法であった。

学問の方法として従来から重視されていたのは演繹法であった。確実な前提から出発して、正しい推理に基づいて結論を導きだすのが演繹である。たとえば「すべての人間は死ぬ」という命題（大前提）と、「ソクラテスは人間である」という命題（小前提）から「ソクラテスは死ぬ」という結論を導きだすような場合がそれである。学問の確実性はこの演繹という方法に基礎を置いている。それなしには学問は成り立たないと言ってもよい。

しかしそれだけでは学問の大きな発展を期待できない。最初に立てられた前提を超えて、新しい知識、新しい情報を生みだすことができないからである。そのために徐々に帰納法の重要性が強調されるようになった。帰納法とは、できるだけ多くの事例を集め、そこからすべてのものにあてはまる原理・法則を見いだそうとする方法を指す。それは新しい知見をもたらす可能性をもっている。コントやミルもまたその重要性を強調した。

「生性発蘊」のなかで西は、「今余が宗《むね》とし本《もと》づく所は、……法〔フランス〕のオーギュスト・コントが実理学〔positivism〕に淵源し、近日有名の大家、英のジョン・スチュアート・ミルが帰納致知の方法〔inductive method〕に本〔づ〕いて……」[*5]と記している。このように西は、帰納法こそ自らの学問が立脚する方法的立場であることを明確に宣言している。

西周の儒学に対する批判

この帰納法への注目は、儒学に依拠する旧来の学問に対する批判と背中合わせになっている。「百学連環」の「総論」において西は、儒者の用いた方法について次のように記している。「経書《けいしょ》〔儒教で重視される古典〕を学ぶ者は之を重とし、……総《すべ》て其《その》重とする所よりして種々の道理を引き出す」。そのような演繹的な思考の欠点について西は次のように指摘している。「古来皆演繹の学なるが故に、……一つの拠《よりどころ》ありて、何もかもそれより仕出《しいだ》す。故に終に其郭を脱すること能わずして、固陋《ころう》頑愚に陥るなり。是《これ》即ち実知なることとなくして唯《ただ》書籍手寄《たよ》りの学にして、己れ書籍を役すること能わず、却《かえり》て是が奴隷となり役使せらるるなり」[*6]。西はこのように東洋の学問の不十分性を、前提にされた（経書に記された）知識の枠を超えでることができず、凝り固まった思考に陥っている点に見ている。書籍に寄りかかり、それを活用するのではなく、逆にそれに使役せられている点にその特徴がある。そのために「実知」から遠く離れた学問に終わってしまっているというのが西の理解であった。

コントの三段階発展説

西がその著作のなかでコントのいわゆる三段階の発展の法則にくり返し言及したのも、そのような理解があったからである。人間の文化や社会、あるいは学問は、神学的な段階から、形而上学的な段階（空理家の段階）、そして最後に実証主義的な段階（実理家の段階）へと発展していく。つまり、神話的な世界観を基礎に置いた段階から、形而上学的な世界観に基づく段階へと至り、最後に実証的な知に依拠した段階へと発展を遂げていくというのがコントの三段階発展説である。

それを踏まえ、西は「百学連環」の「総論」において、第二段階の知を、「臆断（prejudice）」と「惑溺（superstition）」、つまり十分な根拠に基づかない独断や思い込みに基づく「空理」

として退けている。それに対していまや「実物」に基づいて検証し、「実知」を積み重ねることによって——つまり「晏比離《エンピリ》の方」*7（empiricism, 経験的方法）に基づいて——帰納的に導きだされる「実理」（positive knowledge）を求める学問が成立してきている。この真理発見の方法を紹介し、それに基づいた新しい学問を構築することを西は自らの課題としたのである。

福沢諭吉と「文明」化という課題

福沢諭吉もまた、西と同様、近代化の現場の渦中にいた一人である。その渦中にいただけでなく、福沢こそ、西洋の衝撃を誰よりも意識的に——単なる驚きとしてではなく、生じるべき変革と結びつけて——受けとめた人であり、その変革について——その理念と道筋とについて——くり返し語り続けた人であったと言えるであろう。

もちろん福沢は哲学を主たる研究対象とした研究者ではなかったが、近代化——福沢の表現では「文明」化——についての理解、さらにその学問観は日本の近代的学問の確立に大きな影響を与えた。その点を以下で具体的に見ていきたい。

福沢が一八七五（明治八）年に刊行した『文明論之概略』は、彼の数多い著作のなかでも、彼の思想の根幹にあるものを——言いかえればその原理に関わるものを——もっともまとまった形で表明したものであった。そこで福沢が問題にしたのは、表題の通り「文明」、ないし「文明」化であった。福沢はまさに「文明」化の必要性を説いてやまない人であったと言うことができる。

福沢の「文明」についての理解において重要なのは、「外の文明」と「内の文明」とを区別した点である。「外の文明」が目に見える形での文明の成果であるとすれば、「内の文明」は、それを生みだすもととなったものの見方であり、行動の原則である。そして文明化を実現するためには、「外の文明」ではなく「内の文明」を優先しなければならないというのが福沢の基本的な考えであった。

それは明らかに、進行しつつある西洋受容に対する福沢の痛烈な批判を背景にした主張であった。「外の文明」を支える内なるものにまったく目を向けることなく、ただ衣食住や法律、制度など、外に見えるものだけを移植しようとする表面的な文明論者の態度を福沢は厳しく批判したのである。

懐疑の精神と多事争論

福沢は「内の文明」のもとに何を理解していたのであろうか。それは、「文明」化を支える「精神的基盤」とも言うべきものであるが、それを福沢はまず、「旧慣《きゅうかん》に惑溺《わくでき》せず」

という態度のなかに見ていた。習慣的となったものの見方や考え方にとらわれ、他のものが見えなくなった状態から脱却すべきことを福沢は主張したのである。

この「惑溺」からいかにして脱却することができるか、言いかえれば、いかにして精神の自由を実現することができるか、それが『文明論之概略』で福沢が論じようとしたもっとも大きな問題であった。そのために不可欠と福沢の考えたものが二つある。一つは「疑の心」であり、もう一つは、思考・見解・価値の多様性である。

『学問のすゝめ』(一八七二—一八七六年)においても福沢は、「西洋諸国の人民が今日の文明に達したる其《その》源を尋れば、疑の一点より出でざるものなし」[*8]と述べ、疑いこそが、文明の源であることを主張している。習慣として固定化したものの見方や先達の主張・論証を疑い、改めて検討することから、新たな法則や新たな真理の発見がなされるのであり、疑いなくしては文明の進歩はありえないというのである。

福沢が文明化に、あるいは自由の実現に必須な前提として、懐疑の精神とともに注目したのが思考・見解・価値の多様性であった。『文明論之概略』において次のように述べている。「単一の説を守れば、其説の性質は仮令《たと》い純精善良なるも、之に由《より》て決して自由の気を生ず可《べか》らず。自由の気風は唯多事争論《たじそうろん》の間に在《あり》て存するものと知る可《べ》し」[*9]。

なぜ「純精善良」な見解・主張が自由と相反するのであろうか。あるいは、なぜ多くの見解・主張が対立し、相争うところに自由の気風が生ずるのであろうか。その問いに福沢は直接答えてはいないが、次のように考えることができるであろう。さまざまな見解や主張を許容し、それぞれの根拠を相互に検討し、最善のものを選択するところに議論の地盤が形作られる。ただ一つの説の支配は、逆に、そのような議論の場の成立を妨げる。あるいは、議論の技術の成熟を妨げる。いま述べたような議論の地盤が成立しているところにこそ、自由に議論を戦わし、真理を目ざす気風が生まれると考えられる。

東洋になきもの——数理学と独立心

福沢が「外の文明」と「内の文明」とを区別し、「内の文明」の重要性を強調したのは、ただ単に「外の文明」を無反省に取り入れようとする時代の風潮を批判するためだけにではなく、それと同時に——そしてより根本的には——、いわゆる「東洋道徳西洋芸術」といった考え方を批判するためでもあったと言うことができる。世界観や道徳観は伝統的なものをそのままとり、その上に西洋の技術文明を接ぎ木するという発想を批判することが福沢の文明論の核心をなしていたと言ってもよい。彼の近代化論は、明らかに学問の変革という問題に結びついていた。

そのことを端的に示していると思われるのは『福翁自伝』(一八九九年)の次の文である。

「東洋の儒教主義と西洋の文明主義と比較して見るに、東洋になきものは、有形に於て数理学と、無形に於て独立心と、此二点である。……人間万事、数理の外に逸することは叶《かな》わず、独立の外に依る所なしと云う可き此《この》大切なる一義を、我日本国に於ては軽く視て居る。……全く漢学教育の罪である」*10。

ここで福沢は東洋に欠け、その文明化に必須なものとして、「数理学」と「独立心」の二つを挙げている。「独立心」については、先に見た、習慣的となったものの見方や考え方にとらわれずに自由に思索し、行動する精神を指すと考えてよいであろう。「数理学」はさしあたっては数学と物理学を指すが、より広く合理的な思考を支える基礎的学問を指すと考えてよいであろう。そのような学問の受容が文明化の必須な前提であると福沢が考えていたことを、先の文章はよく示している。

学問の根本的変革

ただ、そのような「東洋になき」学問を旧来の学問の傍らに導入すること、あるいは旧来の学問の基礎の上にそれらを接ぎ木することを福沢がめざしたのではないという点に注意しなければならない。福沢は旧来の学問に――それは何より儒学であったが――文明化を阻害する要素が存在することを明確に主張しているからである。そのことを福沢は――

西周の儒学批判にも通じるが――「古《いにしえ》を慕うの病を免かれず」*11と表現している。

ここからも見てとれるように、数理学の必要性を強調したとき、福沢はそれによる既成の学問の補完を意図したのではない。そこで真実に意図されていたのは、学問の根本的な変革であったと言うことができる。

福沢が学問の変革、そして発展にもっとも必要なものと考えたのは、理論を具体的な事象に照らして検証するということであった。理論を絶対化するのではなく、つねに現実と照らしあわせ、有効性を吟味・検討することを福沢は学問の進歩の必須の前提として考えていた。そのような観点から福沢は数理学の重要性を主張したのではないだろうか。

福沢は「数理学」をただ単に学問の一領域としてではなく、「東洋になきもの」として挙げた「独立心」と結びついたものとして理解していたと言ってよいであろう。伝統的な考えや理論にとらわれず、主体的に吟味・検討し、新たな真理の発見をめざすという精神のあり様と直接に結びついたものとして「数理学」は理解されていたと思われる。福沢が主張したのは、いま述べたような意味での数理学の導入であり、結局は、そのような精神に支えられた学問の構築――学問全体の再構築――が福沢のめざしたものであったと言えるであろう。「実知」、つまり実証的な知を重視した学問の変革をめざした西周と深く通じるものがそこにはあったと言うことができる。

中江兆民の「理学」

先に述べたように、philosophy の訳語として最初有力であったのは「理学」であったが、西周が「哲学」という訳語を使いはじめ、やがてそれが定着していった。しかし、ルソー(Jean-Jacques Rousseau, 1712-1778)の『社会契約論』を日本に紹介し、また自由民権運動に大きな影響を与えた中江兆民はあくまで「理学」という訳語を使いつづけた。

フイエ(Alfred Fouillée, 1838-1912)の『哲学史』を訳した『理学沿革史』(一八八六年)や日本で最初の哲学概論とも言うべき『理学鉤玄《こうげん》』(一八八六年、「鉤玄」とは「奥深い道理を引きだす」という意)においても、哲学を「理学」と表現しているし、また死の直前に出版した『一年《いちねん》有半《ゆうはん》』や『続一年有半』(ともに一九〇一年)においても、「理学」という訳語を使いつづけている。なぜそうしたのであろうか。

まず注目しなければならないのは、兆民が西周や津田真道、福沢諭吉ら「明六社」に集った明治初期の啓蒙家たちとははっきりと異なった学問観をもっていた点である。

すでに見たように、西周は空理と実理という表現で東洋と西洋の学問の特徴を言い表している。それに対して兆民は、一方だけを評価する、あるいは絶対視するということはしなかった。兆民にとって学問は「虚学/実学」という二分法で整理できるものではなかったからである。西洋と東洋の学問は、そのあいだに一線を引いて截然と区別されるべきものではなく、それぞれの立場から学問の発展に寄与すべきものと考えていたと言ってもよい。

兆民はフランス留学中に接した政治思想を日本に紹介することによって、それまでミルやスペンサーの自由論、代議政治論を理論的な拠りどころとしていた民権運動家に新たな理論的基盤を提供した。とくに兆民によって紹介されたルソーの社会契約の思想、人民主権論は、高まりつつあった民権運動に大きなはずみを与えた。『社会契約論』第一編第一章冒頭の「人間は自由なものとして生まれた、しかしいたるところで鉄鎖につながれている」ということばに典型的に見られるように、ルソーの人民主権論の根底には、人間がその本質において自由な存在であるという理解があった。この「自由」の観念を核に兆民は自分の思想を形成していった。

しかし兆民の理解では、それは西洋の思想のなかにだけ見られるものではなかった。孟子の言う「義と道とに配する浩然《こうぜん》の一気」(「公孫丑篇《こうそんちゅう》」)、つまり道義に自ずからつれそう「ひろびろとした気」は、ルソーの言う自由、つまり、欲望のままに行為するのではなく、自ら法をつくり、それに自ら従う自由にも通じるものであった。

西洋と東洋の思想をただそれぞれの文脈のなかで理解するだけでなく、むしろ両者を貫く普遍的なものに目を向けたところに兆民思想の特徴が存在する。兆民にとって西洋思想に目を向けることは、一方的に西洋思想を受容することではなく、東洋思想と、そしてやはり特殊なものの一つである西洋の思想とを貫く普遍的なものに目を向けることを意味したと言ってよい。

兆民が西洋の思想と東洋の思想を貫く普遍的なものに目を向けていたということは、西洋に学ぶべきものがないということではもちろんない。むしろ兆民ははっきりと東洋の思想の不十分性を認識していた。倫理や道徳においては決して劣らないが、「技術と理論」においてはとうてい及ばないというのが兆民の考えであった。兆民が残した有名なことばに、「我日本《わが》古《いにしえ》より今に至る迄《まで》哲学無し」*12というものがある。経験の理論化という点での不十分性が哲学の不在という結果を引きおこしているという理解に基づいて語られたことばであると言ってよいであろう。

まさに理論の不在を克服するという点で、ヨーロッパの哲学は兆民にとって範とすべきものであった。ヴェロン(Eugène Véron, 1825-1889)の『美学』やフイエの『哲学史』を訳したりしたのも、そのような認識に基づいてのことであったと言ってよいであろう。しかし兆民はヨーロッパの哲学を無条件に肯定したのではない。興味深いことに、西周が高く評価した実証主義の哲学に対しても兆民は『続一年有半』のなかで批判の目を向けている。具体的には次のように述べている。「此一派は極《きわめ》て確実拠《よ》る可《べ》きが如くに見えるが、其現実に拘泥するの余り、皎然《こうぜん》明白なる道理も、苟《いやしく》も実験に徴し得ない者は、皆抹殺して、自ら狭隘《きょうあい》にし、自ら固陋《ころう》に陥いりて、其弊や大《おおい》に吾人の精神の能を誣《し》いて、之が声価を減ずるに至るので有《あ》る」[*13]。たとえ科学的な検証を経ないものであっても、動かしえないと考えられるもの、あるいは道義上認められるべきものは存在するのであり、実際に確かめられないという理由でそれをすべて排除すれば、人間の能力を不当に狭めなければならないというのが兆民の考えであった。

　このように兆民が実証主義の哲学を批判しえたのは、「虚学／実学」という二分法的な枠組みで東洋・西洋の思想を整理し、一方を排除するということをしなかったからである。むしろ、そのような枠組みを取り払ったところに自らの視点を据え、評価すべきものを評価するという姿勢を兆民は持ちつづけた。そのような兆民にとって、「他ニ紛ルコト」を慮る必要はなく、あえて「哲学」という新しいことばを作る必要はなかったのである。

　西や福沢の西洋の学問の受容の仕方とは異なった兆民のそれは、いままでにない新しい知に触れたとき、それをどのように受容すべきかという根本的な問題に関して、きわめて重要な問題提起を行っている。それはテクノロジーの著しい発展に伴って新しい知見や技術に日々接するようになっている私たちにとっても大きな意味をもっている。

＊1　『西周全集』（大久保利謙編、宗高書房、一九六〇―一九八一年）第一巻三一頁。
＊2　もっとも西も「生性発蘊」でtheology（神学）を「神理学」、metaphysics（形而上学）を「超理学」と訳しており、「理学」という訳をも用いていた。
＊3　『西周全集』第四巻一八一頁。
＊4　同書一六九頁。
＊5　『西周全集』第一巻三六頁。
＊6　『西周全集』第四巻二三―二四頁。
＊7　「開題門」、『西周全集』第一巻二〇頁。
＊8　『福沢諭吉全集』（岩波書店、再版、一九六九―一九七一年）第三巻一二三頁。
＊9　『福沢諭吉全集』第四巻二四頁。
＊10　『福沢諭吉全集』第七巻一六七―一六八頁。
＊11　『福沢諭吉全集』第四巻一六一頁。
＊12　中江兆民『一年有半』、『中江兆民全集』（岩波書店、一九八三―一九八六年）第一〇巻一五五頁。
＊13　同書二六〇頁。

第3講　経験

第1講で述べたように、西田幾多郎が一九一一年に出版した『善の研究』のなかでまず問題にしたのは「実在」、つまり真の存在、真の意味で「ある」と言えるものは何かということであった。西田がそれを問題にしたのは、西洋の哲学においてその問いに対して十分な答が出されていないと考えられたからである。『善の研究』には、西洋の哲学との対決という意味が込められていた。西田がなぜそれを問題にし、どう答えたのか、そしてその問いは戦後、どのような形で問題にされたのか。本講ではその点を見ていくことにしたい。

日本の哲学の歩みと西田幾多郎の『善の研究』

『善の研究』は西田の存命中もくり返し版を重ねたが、戦後も、とくに一九五〇年に岩波文庫版が出て以降、さまざまな人に読まれつづけている。多くの研究書も出され、英語やフランス語、ドイツ語、スペイン語、イタリア語、中国語、韓国語など、多くの言語にも翻訳されている。

なぜ『善の研究』はこのように長く読み継がれ、人々に刺激を与えつづけてきたのであろうか。いくつかの答を挙げることができるであろうが、まず何より、そこにまさに自立した思索の営みがあったからだと言えるであろう。

西田はこの書において、西洋の哲学に正面から向き合い、その議論のなかに身を投じ、十分な解決が与えられていない問題をめぐって、どこまでも思索を深めていった。『善の研究』で問題にされている「実在とは何か」、「善とは何か」、「宗教とは何か」といった問題は、そのような意図に基づいて論じられたものであった。

そうした問題をめぐる西田の格闘は、当時の人々にも大きな影響を与えた。この書が刊行された翌年にまだ少壮の学者であった高橋里美（のちに東北大学教授）が「意識現象の事実と其意味《その》――西田氏著『善の研究』を読む」と題した論考を発表した。そこで高橋は「本書は恐らく明治以後に邦人のものした最初の、また唯一の哲学書であるまいかと思う。……その思想の内容に関しては、始めてこれに接して驚喜し、再三接するに従って畏敬の念に堪えない」[*1]と、この書から受けた感銘を記している。『善の研究』はそれ以後も多くの思想家が自らの思想を形成するための足場とも、道しるべともなった。この書がそのような力を発揮しえたのは、西田がそこで当時の哲学が直面していた問題と真剣に取り組み、彼独自の思想を生みだしていったからであろう。『善の研究』が長く読み継がれている理由はまずそこに求められる。

西洋と東洋のはざま

西田の思想の独自性ということとの関連で、しばしば『善の研究』は東洋の思想、とくに禅の思想を西洋哲学の術語を用いて表現し直したものであると言われることがある。しかし、それは正確な理解ではない。西田はあくまで西洋の哲学と正面から向きあい、それがはらむ問題を見定め、格闘した。

もちろん『善の研究』の本文からも容易に見てとることができるように、西田は東洋の思想、とくに儒教や仏教について深い理解を有していた。しかしそれらについて積極的に論じることはしていない。それはこの書の課題ではなかった。

しかし同時に、「実在とは何か」、「善とは何か」、「宗教とは何か」といった問題を自らの力で考え抜いていこうとするときに、東洋の伝統的な思想もまた、西田にとって大きな手がかりになった。言わばその二つの流れが交差するところで、言い換えれば、西洋と東洋のはざまで西田の思索はなされたと言ってもよい。それまで誰も立ち入らなかった場所に自らを置くことによって、西田は新しい思索の世界を切り開いていった。その試みは現在でも輝きを失っていない。だからこそいまもなお多くの人々の目がそれに注がれているのである。西田の著作が多くの言語に翻訳され、海外でも多くの研究が発表されているのもそのことによる。

西田幾多郎の根本経験

以上のような格闘のなかで彼が注目したのが「経験」、詳しく言えば「純粋経験」であった。

しばしば、偉大な哲学にはその出発点に「根本経験」がある、ということが言われる。つまりその経験のために、その哲学者のあり方・生き方そのものが決定され、そしてその人の思索が根本から規定されるような経験がある、と言われる。西田にもそのような経験があったことを『善の研究』が改版された際の序（「版を新にするに当って」）のなかの次のことばから窺うことができる。

フェヒネル〔Gustav Fechner,1801-1887, ドイツの物理学者であり、実験心理学の祖であり、哲学者であった〕は或《あ》る朝ライプチヒのローゼンタールの腰掛に休らいながら、日麗《うららか》に花薫《かお》り鳥歌い蝶舞う春の牧場を眺め、色もなく音もなき自然科学的な夜の見方に反して、ありの儘《まま》が真である昼の見方に耽《ふけ》ったと自ら云《い》って居る。私は何の影響によったかは知らないが、早くから実在は現実そのままのものでなければならない、いわゆる物質の世界という如きものはこれから考えられたものに過ぎないという考を有《も》っていた。まだ高等学校の学生であった頃、金沢の街を歩きながら、夢みる如くかかる考に耽ったことが今も思い出される。*2

これが西田の「根本経験」であったと言ってよいのではないだろうか。実在は「現実そのまま」、つまりありのままの「昼の世界」であるという考えが、『善の研究』における「純粋経験」をめぐる思想に結晶していったと言うことができるであろう。

「純粋経験」とは何か

西田はなぜ「経験」について、あるいは「純粋経験」について語ったのか、その点を以下で見てみたい。

『善の研究』は第一編「純粋経験」、第二編「実在」、第三編「善」、第四編「宗教」の四つの部分からなるが、そのなかで最初に書かれたのは第二編「実在」であった。そこで西田は、この書で何を問題にしようとしたか、そのめざすところについて語っている。具体的には、「天地人生の真相は如何《いか》なる者であるか、真の実在とは如何なる者なるかを明《あきらか》にせねばならぬ」（六三―六四）と述べている。存在の真の姿にせよ、人生の真の意義にせよ、私たちは往々にして表面的な理解で満足し、その真相を把握していない。その真相を明らかにしたいというのが、西田の『善の研究』に込めた根本の意図だと言うことができる。

それではこの「天地人生の真相」を明らかにするという課題とどのように取り組めばよいのか、その点に関して西田は次のように述べている。「今もし真の実在を理解し、天地人生の真面目《しんめんもく》を知ろうと思うたならば、疑いうるだけ疑って、凡《すべ》ての人工的仮定を去り、疑うにももはや疑い様のない、直接の知識を本《もと》として出立せねばならぬ」(六四―六五)。「凡ての人工的仮定を去り」という表現が私たちの注意を引く。第一編「純粋経験」の冒頭でも、「経験するというのは事実其儘《そのまま》に知るの意である。全く自己の細工を棄てて、事実に従うて知るのである」(一七)と言われているが、この「自己の細工を棄てる」ということと同じことがそこで言われていると考えられる。第二編第三章「実在の真景」でも「我々がまだ思惟の細工を加えない直接の実在」(七九)という言い方がされており、第一編の「自己の細工を棄てる」という表現は、この箇所などを承けたものと言うことができる。

「思惟の細工」を棄て、「事実其儘に」知る

「天地人生の真面目を知る」ためには、何も仮定しないで、あるいは「思惟の細工」を加えないで、事実を「事実其儘に」知らなければならない、というのが西田の考えであり、『善の研究』を通して目ざしたことであったと言える。

しかし、この「自己の細工を棄てる」とか、「人工的仮定を去る」という表現にひっかかりを覚える人もいるのではないだろうか。というのも、普段、私たちは物を見るとき、(少なくとも自分の意識のなかでは)なにか「細工」をしてそれを見ているわけではないからである。自分では、対象をゆがめることなく、むしろそれをあるがままに見ていると思って

いる（もちろん酔っぱらって、物が二つに見えるというような経験をされた人もあるかもしれないが、それはあくまで例外であり、そうした例を除けば、普段は私たちは物をあるがままに見ていると思っている）。

それにもかかわらず西田が「人工的仮定を去る」とか、「細工を棄てて」と言うのは、私たちがものを見るとき、いわば無意識のうちに、私たちのものの見方のなかに先入見とも言うべきものが入りこんでいるからだと考えられる。意識にのぼることなく、私たちのものの見方のなかに深く食い込んでいるこの先入見を西田は問題にしようとしたと言ってよいであろう。

「思惟の細工」とは？

それでは、この「人工的仮定」や、我々が無意識のうちに持ち込む「思惟の細工」とは具体的に何を指すのであろうか。その点に関して西田は第二編第一章で、「我々の常識では意識を離れて外界に物が存在し、意識の背後には心なる物があって色々の働をなす様に考えて居る」（六五）と言い表している。私たちは普通、物を見て、それが何であるか考えたり、判断したりするとき、まず、物を見たり、それが何であるかを考えたりする「私」――「意識」と言ってもよい――というものがあり、そしてその「私」、あるいは「意識」の外に「物」があり、この両者のあいだで、見るとか、聞くとかといった関係が成立すると考えている。

こうした考え方は一般に「主客二元論」ということばで呼ばれる。つまり「私」という主観と、その主観が働きかける対象、つまり客観とが、それぞれ独立に存在しており、この二つのあいだでさまざまな関係が成立するという考え方である。この「主客二元論」的な考え方は、事実をそのものとしてとらえたものではなく、そのような見方をするとき、そこにすでに私たちは私たちの「仮定」、あるいは先入見を持ち込んでしまっていると西田は考えたのである。

その考え方は西洋の伝統的な哲学のなかに深く入り込んでおり、それを取り除かなければ、ものの真のあり方を把握することはできない、というように西田は主張するのである。ここからも見てとれるように、『善の研究』には、西洋哲学のなかに入り込んでいるものの考え方を根本のところから吟味し直すという意図が込められていたと言うことができる。

純粋経験

その検討の結果、西田が出した結論が、「実在とはただ我々の意識現象即ち直接経験の事実あるのみである」(七二)というものであった。この「意識現象」、「直接経験の事実」こそ「純粋経験」にほかならない。それについて西田は第一編第一章「純粋経験」の冒頭で次のように説明している。「純粋というのは、普通に経験といって居る者もその実は何らかの思想を交えて居るから、毫《ごう》も〔いささかも〕思慮分別を加えない、真に経験其儘《そのまま》の状態をいうのである。例えば、色を見、音を聞く刹那《せつな》、未だこれが外物の作用であるとか、我がこれを感じて居るとかいうような考のないのみならず、この色、この音は何であるという判断すら加わらない前をいうのである」(一七)。

「色を見、音を聞く刹那」と言われていることからもわかるように、西田が「純粋経験」ということを言う場合、何か特別な経験のことを考えているわけではない。庭に咲く梅の花を見たり、その蜜を吸いに来たメジロのさえずりを聞くといったふつうの経験のことが考えられている。しかし「刹那」と言われている点が重要である。

ふつうに「経験」と言う場合、そこではすでに、何かを見る「私」、何かを聞く「私」というものが想定され、その「私」と、その「私」が見たり聞いたりする「対象」(梅の花の淡い紅色やメジロの美しいさえずり)とのあいだに認識が成立するという枠組みが作りあげられている。つまり「思慮分別」がすでに入り込んでいる。そこでとらえられたものは、もうすでに私たちがじかに経験したもの、物事の真相から離れている。物事の真相はそのような「思慮分別」が入り込む以前の「経験其儘の状態」であるというのが西田の考えであった。「色を見、音を聞く刹那」という表現は、そのような状態を言い表したものであった。

そこには先ほど述べた「主客二元論」に対する批判が込められていると言ってよい。

「経験其儘の状態」

それではこの「思慮分別」が入り込む以前の「経験其儘の状態」とはどういう状態なのであろうか。それを理解するためのよい手がかりが、西田が京都大学に着任後に行った「哲学概論」の講義ノート（明治末年のもので、『善の研究』の内容と深く関係している）のなかにある。そこで西田は次のように記している。「真の fact of pure experience〔純粋経験の事実〕は、know〔知るということ〕だけである。I〔私〕はない。〔正確には〕Know もない、rot〔ドイツ語で「赤」〕なら rot だけである」（一五・九九）。[*3] ここでは純粋経験が「赤なら赤だけである」ということばで言い表されている。

私たちは普通には、「私が」という意識をもち、たとえば目の前のバラの花を「外物」として意識しながら、「この花は赤い」と判断したりしている。しかし西田は、純粋経験においては、ただ赤が赤として意識されているだけであり、そこには本来、「この花は赤い」という判断も、花を知覚しているという意識（know）もないというのである。これが先に見た「色を見、音を聞く刹那」の意味するところであると言うことができるであろう。

心と物の対置

　私たちは通常、一方に自分の外にある対象を表象する、あるいは認識する「意識」、別の表現を使えば、「心」というものを考え、そして他方に、意識によって表象される「物」を考え、そのあいだに認識なり、行為という関係が成立すると考えている。

　その考えを徹底していくと、意識の外部には、私たちが見たり、聞いたり、触ったり、味わったりする以前の、単なる物体の世界が広がっていることになる。目の前の梅の花が白く、あるいは赤く見えたり、かぐわしい香りがしたりするのは、私たちがそれを見たり、その匂いを嗅いだりするからである。つまり、外から与えられた情報が脳に伝えられるからであって、それ以前には、色も味も香りもない単なる物体——それを細かく分析していけば、原子の世界、さらにはクオークの世界に行きつく——が広がっているだけであるという自然科学的な見方につながっていく。それに対して私たちの方は、その外部の世界の情報を感覚器官を通して受け取り、それを脳に伝える。そこに色や匂い、味で満たされた意識の世界、「心」の世界が作りあげられていくと考えられる。

　両者を区別する立場からは、当然、前者が原因であり、後者はたまたま生じた結果である。したがって前者こそが第一次的な存在であり、後者は第二次的、あるいは派生的な存在であると考えられる。

また、外部世界は、誰が計測しても同じ結果が得られる客観的な世界であるのに対し、意識の世界は、それを見たり聞いたりする人によって異なる。たとえば物の見え方は、立つ位置によっても異なるし、光の当たり方とか、目の病気とか、その状況に大きく左右される。味や匂いは、文字どおり、受け取り方が人によって大きく違う。そこから意識の世界は、主観的であいまいな世界であるという見方が生まれてくる。つまり、物理の世界が絶対確実であるのに対し、私たちの意識の世界は不確かで、信頼性に欠けるものだと言われることになる。

「夜の見方」と「昼の見方」

しかし、そのような仕方で外部の世界と内部の世界を対置するのはおかしいのではないか、という考えが西田にはあったと考えられる。西田が『善の研究』改版の序のなかで、「色もなく音もなき自然科学的な夜の見方に反して、ありの儘が真である昼の見方に耽った」というグスタフ・フェヒナーのことばを引用したことも、そのことを示している。

「色もなく音もなき自然科学的な夜の見方」というのは外部の客観的な世界と内部の主観的で派生的な世界とを対置し、前者こそが真実の世界であるとする立場に浮かび上がってくる光景である。それに対して「ありの儘が真である昼の見方」というのは、「純粋経験」

の立場に映る風光を指す。

たとえば美しい花を見たとき、私たちはそれを単なる原子の集まりとして「純物体」的に見ているのではなく、――西田の表現で言うと――「生々《せいせい》たる色と形とを具えた」ものとして見ている。それは単なる知覚の対象ではなく、私たちに潤いややすらぎを与えるものである。そういう観点から西田は、物は知だけではなく、「情意より成り立った者」（八二）であると言う。見たり聞いたりする行為は感情や意志とも深く関わっているのである。そのように知と情と意が一体になった経験のなかにおいてこそ物がリアリティをもって現前しているというのが西田の理解であった。「ありの儘が真である昼の見方」ということばはそのことを指している。

この「昼の見方」のなかでは、言いかえれば経験の現場においては、主観と客観というような区別も、対置もない、ただ実在の現前があるのみであると西田は考えたと言えるであろう。この「実在の現前」こそ、純粋経験にほかならない。

意識と対象が一体になった経験

それに対して、主観と客観との対立から出発する二元論の立場では、一方に感覚の世界が、そして他方に感覚以前の対象それ自体が置かれ、両者があたかも空間的に隔たったものであるかのようにとらえられる。そこでは当然、相隔てて立つ対象と感覚の世界との関係をどのようにとらえるかということが問題になる。それは西洋の哲学の歴史のなかで、たとえば物自体あるいは実在と現象、原像と写像（心像）といったことばで言い表されてきた。

しかし、物事を経験するとき、私たちは対象から隔たったところにいて、それを単なる対象（ないし客観）として見ているのではない。私たちの経験には外的な世界が直接的に関与している。

たとえばリンゴのおいしさの原因は何かということを考えて、リンゴの成分を分析し、ペクチンとかポリフェノールとかリンゴ酸とかがその原因になっているのを探究していくことはもちろん可能であるし、それには大きな意義がある。しかし私たちはそういうものとまったく関わりのない意識の内側だけでリンゴのおいしさを感じているわけではない。リンゴが含むさまざまな成分、あるいはリンゴそのものがおいしいと私たちは感じているのである。

あるいは恐ろしそうな大きな犬に襲いかかられて、いままさに腕を噛まれようとしている場合を想定してみよう。そのとき私たちはただ意識の内側だけで恐怖を感じているわけではない。その犬自身が恐ろしいのである。私たちに恐怖を与えるものが、その経験に直接関与していると言うことができる。猛犬を前にして恐怖を感じていること、あるいはその犬に実際に嚙まれて痛みを感じていることの向こう側に「ものの本体」があるわけではない。両者は一体になっている。その一体になった世界のことを西田は「経験其儘の状態」と呼び、そこにこそ実在が現前していると考えたのである。

具体的経験のなかに現前する物のリアリティ

もちろん西田も、私たちが意識と対象とを区別し、感覚ないし意識する以前の対象そのものの存在を想定することを否定しているわけではない。主観と客観とを立てることを「思惟の要求」として認めている。そして主観・客観の対立を前提にして打ち立てられてきた科学的な認識のもつ意義を認めている。西田が批判しようとしたのは、意識に対置される対象、あるいは「純物質」といったものが第一次的存在であり、私たちが意識するものは、その心像、つまり主観的であやふやな反映にすぎないという考え方であった。

私たちが行っている具体的な経験においては、意識と対象とは一つになっているし、その一つになった経験のなかにこそ、物のリアリティが現前しているというのが西田の考えであったと言うことができる。それは決して主観的であやふやなものとして排除されるべきものではなく、それこそが「実在の真景」であり、そこに現前した物のリアリティこそが私たちの生活を豊かにし、意義あるものにしているというのがその考えであった。

思想の座標軸

かつて丸山真男が日本における思想の座標軸の欠如について語ったことがある。「あらゆる時代の観念や思想に否応なく相互連関性を与え、すべての思想的立場がそれとの関係で——否定を通じてでも——自己を歴史的に位置づけるような中核あるいは座標軸に当る思想的伝統はわが国には形成されなかった」[*4]。

西田の哲学を、あらゆる時代の観念や思想に対して相互連関性を与えるような思想的伝統としてとらえることはできないであろう。しかし少なくとも明治の末年以後の日本の哲学の営みに対して、——それが明瞭に語られるにせよ、語られないにせよ——その位置と方向とを意識させる基準点としての役割を西田哲学が果たしてきたことはまちがいない。田辺元や、西田の弟子である三木清や戸坂潤、西谷啓治など、西田の哲学を受容し、また批判することを通して自らの独自の哲学を生みだしていった人は枚挙にいとまがない。

「純粋経験」の思想が多くの人に大きな影響を与えたことは、たとえば田辺元がその最初の論文である「措定判断に就て」のなかで、「物我の差別」のない「純粋一如《いちにょ》の経験」こそがすべての認識の基礎であること、つまり「実在は畢竟《ひっきょう》之を外にして求むべきでない」[*5]

ことを主張していることからもわかる。また三木清は「人間学のマルクス的形態」（一九二七年）と題した論文において、私たちの日常の経験にはすでに私たちの知の働き、つまりロゴス——主観や客観といった物事をとらえるための枠組み——が働きでて、事柄が固定化されてしまっているが、まずその根底にある「基礎経験」に目を向ける必要があることを強調している。この「基礎経験」が西田の「純粋経験」を踏まえたものであることは言うまでもない。

「もの」と「こと」

戦後も、西田が「純粋経験」ということばで表現したものが、新たな視点から改めて問題にされている。その際手がかりにされたのが、「もの」と「こと」ということばであった。

西田の同僚であり、のちに東京大学の倫理学講座の礎を築いた和辻哲郎や西田の弟子の一人である山内得立などもそれを問題にしたが、東京大学で科学哲学を担当した廣松渉も「もの（物）」と「こと（事）」との関わりをめぐって思索し、独自の世界観を作りあげていった。それを廣松は「物的世界観（物的世界像）から事的世界観へ」ということばで表現した。たとえば『世界の共同主観的存在構造』（勁草書房、一九七二年）や、『事的世界観への前哨』（勁草書房、一九七五年）、あるいは『存在と意味——事的世界観の定礎』（岩波書店、一九八二年）

といった著作のなかでその論を展開していった。

『存在と意味』のなかで廣松は「事的世界観」について、「物」、つまり何かを見たり聞いたりする「私」や、「私」が見たり聞いたりする「対象」、たとえば花や鳥がそれ自体で独立して存在する「実体」としてあり、それらが第二次的に、相互に関係しあうのではなく、関係こそが第一次的な存在であり、「実体」と一般に言われているものは、この関係のなかにある一つの結び目にすぎないとする関係主義的存在観であると説明している。*6

それに対して「物的世界観(物的世界像)」の方は、この第一次的な存在である関係を、予め存在すると想定した「実体」から説明しようとする。この「実体」こそが第一次的な存在であり、それらが相互に関わりあうことで、第二次的に関係が生まれるとする。「物的世界観(物的世界像)」はこのような実体主義的世界像を前提にして生まれてきた誤った世界理解であり、「主観―客観」図式はそれに基づいて立てられたものにほかならないというのが廣松の理解であった。

木村敏の「もの/こと」論

精神医学の領域で多くの業績を残すとともに哲学の問題にも深い関心を寄せてきた木村敏も、和辻や廣松の議論を踏まえながら、精神病理学の立場から独自の仕方でこの

「もの」と「こと」について論じている。具体的に言えば、精神の病の一つである離人症(depersonalization)の患者が示す症状との関わりでこの「もの」と「こと」の問題を議論している。

木村が離人症に言及した著作としてたとえば『自覚の精神病理――自分ということ』(紀伊國屋書店、一九七〇年)があるが、そのなかで木村は、ある二十四歳の女性の次のような訴えを報告している。「鉄のものを見ても重そうな感じがしないし、紙きれを見ても軽そうだと思わない。とにかく、何を見ても、それがちゃんとそこにあるのだということがわからない。色や形が眼に入ってくるだけで、ある、という感じがちっともしない」[*7]。物の実在感が失われるのである。この物の実在感の喪失を木村は、一九八二年に刊行した『時間と自己』のなかで、「こと」の消失としてとらえている。

いまたとえば鉄の塊を手にもっているとすれば、離人症の患者は、それを鉄の塊として知覚する。その点では少しも問題がない。しかしそれが単なる「もの」にとどまって、本来ならそれがもつはずの「表情」が欠落してしまっているのである。通常、私たちがその場に居あわせて何かを具体的に見たり聞いたりする経験の現場では、物は私たちの存在とはまったく関わりのない物体としてただ客観的に「もの」としてあるのではなく、たとえば鉄の塊を手にもてば、ずっしりとした重みを感じるし、落とすかもしれないという恐怖心を抱く。そのような仕方で物が私たちに経験されること、そのような仕方で世界が私たちの前に現れることが「こと」である。そこでは「もの」は「表情」で満たされている。「もの」は「こと」と共生しているといってもよい。離人症の患者では、この共生しているはずの「こと」が失われてしまうのである。

ここで木村が「こと」ということばで言い表そうとしているのは——『偶然性の精神病理』（岩波書店、一九九四年）や『分裂病の詩と真実』（河合文化教育研究所、一九九八年）のなかでは木村はそれを「アクチュアリティ」ということばで表現している——、西田が「知情意の分別なく主客の隔離なく独立自全なる意識本来の状態」（一九九）であるとした「純粋経験」のことだと言ってよいであろう。

＊1 『西田哲学選集』別巻二『西田哲学研究の歴史』（藤田正勝編・解説、燈影舎、一九九八年）九頁。

＊2 『善の研究』（岩波文庫、二〇一二年）一〇頁。『善の研究』についてはこの岩波文庫版から引用する。以下、この書からの引用については、本文中にその頁数を記す。

＊3 『善の研究』以外の西田の著作からの引用については『西田幾多郎全集』（岩波書店、二〇〇二―二〇〇九年）から引用し、引用文のあとに巻数と頁数とを記した。なお旧仮名遣いは新仮名遣いに改めた。

＊4 丸山真男『日本の思想』（岩波新書、一九六一年）五頁。

＊5 『田邊元全集』（筑摩書房、一九六三―一九六四年）第一巻一〇頁。

*6 廣松のこの関係主義的な存在観は、西田幾多郎の「経験」についての理解と深くつながっている。廣松が『〈近代の超克〉論——昭和思想史への一断想』（朝日出版社、一九八〇年）において、西田の弟子たちによる「近代の超克」論の抽象性を厳しく批判しつつ、他方、西田について次のように述べていることもそれを示している。「西田哲学は幾つかの発展段階を経て形成されたものであるとはいえ、それは早い時期から所謂〝主客分離〟以前の相に定位するものであったし、その意味で古典的な近代哲学の構図からは脱却する姿勢になっていたと言うことが許されうる」（同書二四〇—二四一頁）。

*7 木村敏『自覚の精神病理——自分ということ』（紀伊國屋書店、一九七〇年）一八頁。

第4講　言葉

第3講で「経験」をめぐる問題について考えたが、私たちの日々の経験のなかで「言葉」はどのような役割を果たしているであろうか。本講ではまず経験と言葉との関わりについて述べ、それを踏まえて、そもそも「言葉とは何か」ということについても考えてみたい。

私たちは自分が見たり聞いたりしたもの、あるいは感じたりしたものを言葉で表現しなくても、しっかりとその内容をつかんでいると思っている。しかしもし言葉で言い表さなければ、それらはあいまいなままにとどまり、自分でも何を見たのか、何を感じたのか、はっきりとつかむことができないのではないだろうか。たとえば夕日に染まるあかね色の空を見て、その美しさに引き込まれたというような経験をされた人も多いのではないかと思う。そのとき、もしそれを夕日として、あるいは空として、その色をあかね色として認識しなければ、そこにはただ漠然とした印象だけがあるのではないだろうか。そしてその漠然とした印象はすぐに流れ去り、忘れ去られていくように思われる。

見たり聞いたりしたものに名前を付け、言葉で言い表すことで、私たちははじめて私たちが経験したものをしっかりとつかむことができる。そしてそれをあとからふり返ったり、他の人に伝えたりすることができる。私たちの経験のなかで言葉が果たしている役割は大きい。

しかし逆に、卓上に飾られた一輪の赤いバラを見て、「赤くて美しい」と言ったとき、それによって私たちは自分が見たり、感じたことをすべて言い表すことができるであろうか。赤といってもさまざまな色合いがあるが、このバラの独特の赤色をこの「赤い」ということばで表現できるだろうか。あるいは「美しい」ということばで、他の花にないこのバラ特有の美しさが表現できるだろうか。

言葉はまちがいなく私たちの経験と密接に結びついている。しかし経験とそれを言葉で言い表したものとは同じではない。むしろそのあいだには距離があるようにも見える。両者がどう関わっているのかは、哲学にとっても大きな問題である。日本の哲学者はその問題についてどのように考えてきたのであろうか。その点をまず以下で見てみることにしたい。

「純粋経験」と言葉の問題

第3講で見た西田の「純粋経験」についての理解は言葉の問題にも深く関わっている。そこで見たように、西田は、真の意味で「ある」と言えるものは何かという問いに対して、「純粋経験」こそそれであるという答を示した。そしてこの「純粋経験」、つまり「真に経験其儘の状態」について、一方では、何かを見る「私」、何かを聞く「私」と、見たり聞いたりする「対象」とが区別される以前の「色を見、音を聞く刹那」であると説明するとともに、他方、「この色、この音は何であるという判断すら加わらない前」(一七)とも説明している。

判断とは、ほんとうであるかそうでないか、つまり真偽が問題になる事柄、たとえば「この花の名前は何か」とか、「明日の日の出は何時か」といった問題について、ある定まった考えを示すことを指す。その判断は通常、「この花はヒマワリである」といったように命題の形で言い表される(「命題」というのは、判断の内容を、「AはBである」というように言葉で言い表したものを指す)。

それに対して、いま引用した文章では、「純粋経験」はそのような判断がなされる以前の状態である、と言われている。たとえば「この花はヒマワリである」とか「この花の色は黄色い」といった仕方で判断がなされ、言葉で言い表される以前の事実それ自体が「純粋経験」なのである。

経験の一断面を示す言葉

哲学においては伝統的に、まだ明確な形をもたない直接的な経験のなかにではなく、むしろ言葉によって明確な形を与えられたもののなかに真理が見いだされてきた。たしかにあいまいなままでは真理と呼ぶことはできないであろう。明晰さと真理とは切り離すことができない。

私たちの日常の経験のなかでも、とくに感情などは多くの場合ばくぜんとしていることがある。いま自分がどんな感情を抱いているのかをはっきりさせるために、私たちはそれを言葉で表現する。たとえば高校や大学を終えて社会に一歩を踏み出すときの気持ちを、「希望であふれているが、心許なさや一抹の不安も混じっている」といったように言い表す。そのように言うことによって、たしかに心のなかの思いが明確になるように思われる。

それにもかかわらず西田はなぜ「判断以前」ということを言うのであろうか。

判断は、たしかにあいまいなものを明確にするはたらきをする。しかし、それは私たちが実際に経験したものの一部を取りだしただけにとどまるとも言えるであろう。

たとえば「ヒマワリの花は黄色い」と言うことによって、たしかにそれが桜や木蓮とちがった色をしていることは言い表すことができるが、しかし、菜の花やタンポポの黄色とちがったヒマワリ独特の黄色を言い表すことはできない。言葉はもともと個々のものをひとまとめにする、つまり一般化するはたらきをするものであり、ある種類——この場合は黄色——に属するということは表現できるが、個々のものがもつ固有の性質を言い表すことはできないのである。

私たちが具体的に経験しているものを言葉で言い表すという行為は、言わば、その経験をある断面で切り、その一断面で経験全体を代表させることだと言えるのではないだろうか。たとえば「悲しい」とか「怒りを感じる」とか言ったとき、たしかに私は私がいま抱いている感情を明確に表現することができるが、しかし、そのことばは私の幅を持った感情のなかの、ある一面だけを引きだしただけにとどまる。その取り出した一断面と、もとの経験とを比べたとき、そのあいだには大きな隔たりがある。経験を言葉で表現すれば、必ずこのような事柄の抽象化が伴うと言えるのではないだろうか。

経験そのものに肉薄することをめざした西田幾多郎

それに対して西田は、そのような抽象化が起こる以前の、事柄それ自体、つまりその豊かさをそのままに保持した事柄全体を「事実其儘」ということばで、そして「純粋経験」ということばで言い表そうとした。

このような考え方に対しては、たとえば「悲しい」という自分の思いを、「信頼を裏切られて悲しい」とか、「慰めがなくかぎりなくさびしい」といった別の表現で補い、もとの感情を詳しく説明できるのではないかという反論がなされるかもしれない。

しかし、どのように詳細に記述しても、自分が抱いていた感情を言い尽くすことはできないのではないだろうか。言葉は、結局、経験しているものを固定化し、その一部を取り出すという役割を果たすものだからである。その固定化によって私たちが直接経験していたものは、いわば壁に映った影絵のように、その表情を、あるいはその生命を失う。

表情を失った影絵ではなく、生き生きとした表情をもった出来事そのものに肉薄することが、西田がその「純粋経験」論を通してめざしたものであった。そこに見いだされる事実そのものは、実際に自ら経験して知るほかはない。そのことを西田は『善の研究』のなかで、「実在の真景はただ我々がこれを自得すべき者であって、これを反省し分析し言語に表わしうべき者ではなかろう」(八五)と言い表している。

西田の「純粋経験」とベルクソンの「直観」

このような、実在そのものは「自得」されるほかはないという西田の主張は、フランスの哲学者アンリ・ベルクソンの「直観」をめぐる思想にも深く通じている。

西田はベルクソンの名前についてはかなり早い時期から知っていたが、その内容に深く触れたのは、京都大学に赴任してきた一九一〇年以後のことであった(『善の研究』の出版は一九一一年であるが、そこに収められた諸論文は赴任以前にすでに書き終えられていた)。ちょうどその時期に西田は「ベルグソンの哲学的方法論」、「ベルグソンの純粋持続」という論文を発表している。

「ベルグソンの哲学的方法論」のなかで西田はベルクソンの「直観」の概念に触れ、それについて次のような説明を加えている。「物自身になって見るのである、即ち直観 Intuition である。従って之を言い現わす符号などいうものはない、所謂言絶《ごんぜつ》の境である」。あるいは「実在の真面目は到底外から之《これ》を窺《うかが》うことはできぬ、唯《ただ》之と成って内より之を知ることができるのである（所謂水を飲んで冷暖を自知するのである）」[*1]とも述べている。


　ここではベルクソンの「直観」を説明するために、「物自身になって見る」、あるいは「之と成って内より之を知る」ということが言われているが、それは同時に「純粋経験」を説明したことばとしても受け取ることができる。たとえば『善の研究』の第二編「実在」第九章「精神」において西田は、精神と自然とを対置する二元論的な立場を批判して次のように述べている。「我々が物を知るということは、自己が物と一致するというにすぎない。花を見た時は即ち自己が花となって居るのである」（一二四―一二五）。

「純粋経験」というのは、自己と対象とが一体になった経験であり、それは――ちょうど冷暖については自らそれを確かめるほかはないのと同様に――自分自身で知るほかはない。つまり「内より之を知る」ほかはない。それは「言絶の境」であり、言葉で言い表すことはできないというのが西田の理解であった。

言葉以前の経験？

西田が言うように、言葉は私たちの具体的な経験の一断面しか示すことができない、したがってそれを全体として把握するためには「自得」するほかはない。物事には言葉では表現できないものがある、それについては自ら直接経験し確かめるほかはないというのは、もっともな主張であると言うことができる。

しかし言葉が私たちのなかで果たしている役割については、もう少していねいに見ていく必要があるように思われる。

西田は「純粋経験」について、そして「直観」について、「言絶の境」であると言うのであるが、そもそも私たちは言葉と経験とを厳密に区別することができるであろうか。別の言い方をすれば、言葉になる以前の経験、もしそれをたとえば「原経験」と言い表すとすれば、この言葉がいっさい関与しない「原経験」を実際にそれ自体として取り出すことができるであろうか。この点について考えてみなければならない。

たとえば庭に咲く黄色い花を目にしたとき、「黄色い」とか「花」、あるいは「咲く」といったことばがまったく関与しない純粋な経験の状態に立ち戻ることができるであろうか。実際に「黄色い花が咲いた」と口にするかどうかはここでは問題ではない。黄色い花を目にするという経験それ自体がここでの問題である。この黄色い花の美しさに魅了されているときに——西田が言う意味で「純粋に」経験がなされているときに——、すでに、その花が花として受け取られ、そしてその色が黄色として受け取られているのではないだろうか（そうでなければ、その花の美しさに魅了されるということもないであろう）。そこにすでに言葉が働きでており、それ以前に私たちは立ち戻ることができないのではないだろうか。

経験にははじめから世界を理解し解釈する枠組みが関与している

私たちはまず「原経験」と呼ぶべきものを手にして、そのあとそれをいくつかの部分に分け、その分けられた部分部分にことばを一つひとつ当てはめていくのではなく、むしろ最初から花を花として、黄色を黄色として見ているのではないだろうか。

もちろん即座に判断できない場合もある。見慣れないものを見、聞き慣れないものを聞くという経験をすることもある。しかしそのときも私たちは最初からそれを見慣れないものとして、少なくともある種類のものとして見ている。いま巨大な音響がしたとすると、私たちはそれをたとえば爆発音のようなものとして聞く。そのあと、それをこれまでの経験と引き比べながら、何として見なしたらよいかを頭のなかで検討する。近くでビルの解体工事が行われていたことを思いだして、それは爆発音ではなく、ビルの解体作業で、クレーンが大きな鉄球をビルのコンクリート壁にぶつけている音であるというように考えたりする。

このように、私たちがなすすべての経験につねに、つまり私たちが何かを見何かを聞くときすでに、私たちが前もって獲得している世界理解の枠組み、つまり、言葉によって作りあげられた、世界において起こる出来事や事物を理解し解釈するための枠組みが関与しているように思われる。

もう少し具体的に言えば、私たちが何かを見、何かを聞くとき、私たちははじめからそれを花として、ヒマワリとして、そしてその色を黄色として見ているのではないだろうか。この「……として」の「……」のなかに、言葉が働きでているのではないだろうか。

言葉とは何か

一般に「言葉とは何か」ということを考えてみると、二通りの理解が成り立つように思われる。

第一に考えられるのは、言葉は、考えるための、あるいは考えたものを表現するための道具である、という理解である。つまり言葉は、あらかじめ存在している思考の内容――それは日本語とか英語といった具体的な言語、自然言語以前のものと言わざるをえないであろう――に形を与えるものであるという考えである。

それに対して、第二に、思考は言葉を通してはじめて成立するのであり、言葉は思考の単なる道具ではない、という考え方も成り立つ。つまり、思想は言葉という形をえて、はじめて思想として成立するのであり、それ以前に純粋な思想というものがあるわけではない、という考え方である。

言葉と世界の分節

この二つの考え方は、それぞれ次のような考えに結びついている。

第一の見方は、私たちが日本語なり、英語なり、自分の言語（母語）を使う以前に、つまり、水とか、木とか、土とか、あるいはwaterとか、treeとか、soilといったことばを使う以前に、言いかえれば、ある事柄にそういう名前をつける以前に、もの、あるいは世界が客観的に区分（分節、articulate）されていて、それぞれに、いわば偶然的な仕方で、たとえば日本語であれば「水」という名前を、英語であれば“water”という名前をつけているのだ、という考えと結びついている。ここでは言葉は、一つの符牒として、つまり道具とみなされている。

それに対して、第二の見方の方は、ものは言葉以前にあらかじめ分節されているのではなく、言葉とともに、はじめて分節される、つまり言葉によって世界の見え方、あるいは世界の現れ方が決まってくる、という考えと結びついている。

世界の分節の仕方はそれぞれの言語で異なっている

具体的な例を挙げて説明することにしたい。たとえば「青い」ということばをとってみると、まず、それに対応するものが世界のなかに客観的に存在しており、日本語を使う人はそれを「青い」ということばで、英語を使う人は“blue”ということばで言い表しているというようにも考えられる。

しかし厳密に見てみると、どうもそうではないことがわかってくる。日本語ではたとえば「草木が青々と茂っている」と言ったりするが、実際には緑色のことである。「青信号」といったことばもそうであるが、「青い」という日本語は、緑色系統の色をも指すことばとして使われてきた。黄色(yellow, gelb...)にせよ、赤(red, rot...)にせよ、それぞれの言語でそれが指す範囲は少しずつ異なっている。

別の例を挙げれば、日本語では樹木と材木をともに「木」と表現するが、英語では樹木の方は“tree”材木の方は“wood”と、ドイツ語では樹木は“Baum《バウム》”と材木は“Holz《ホルツ》”というこどばで表現される。そして“wood”や“Holz”ということばは材木という意味だけでなく、森という意味をもっている。それに対して日本語の「木」や「材木」が森という意味で使われることはない。

こうした例を手がかりに考えると、以上に挙げた二つの見方のうち、第二の見方の方が、言葉の本質をとらえていると言えるであろう。日本語なら日本語、英語なら英語、ドイツ語ならドイツ語というように、それぞれの言語において、いわば一つの連続体であるような知覚対象（自然）が、独自の仕方で区分（分節）されているのである。つまり、それぞれの言語においてそれぞれの仕方で、知覚対象に切れ目が入れられ、そのそれぞれに独自の名前（青や赤、blue や red）が付けられているのである。

私たちの経験には最初から言葉が関与している

もしそのように、私たちの世界を見る見方そのものに言葉が本質的に関与しているとすれば、私たちは、言葉以前に遡るということはできないことになる。私たちは言語を通してしか世界を知ることができないのである。

もちろん言葉を習得する以前の小さい乳幼児の場合は別である。このような小さな子どもには、目や耳などの感覚器官によって生理的に分節された世界だけがある。しかし言語を習得するとともに、その生理的に分節された世界に私たちは言語によって分節された世界を重ねていく。そして、その言語によって分節された世界のなかで私たちは生き、思考し、他の人とコミュニケーションをしていく。それが決定的な意味をもつ世界で私たちは生きているのである。

経験と言葉のあいだ

このように私たちの経験においては言葉が決定的な意味をもっている。しかしそうであるとしても、言葉、あるいは言葉で言い表したものがそのまま経験であるとは言えない。そこに問題があると言えるであろう。

先にも述べたように、私たちは私たちが抱く感情をたとえば「悲しい」とか「寂しい」とか言い表すが、感情はさまざまな相をもち、また大きな振幅を持ちながら、止むことなく動いていく。言葉はその一面を切り取って表現するのである。いかに詳細な描写を行っても私たちは私たちの具体的な経験を言い表すことはできない。言葉による表現と私たちの実際の経験とのあいだには大きな間隙が存在するのである。

この難問の前に私たちは置かれている。いかにすればそれを解くことができるであろうか。私たちの経験には言葉が深く関与しているという面と、言葉は私たちの経験そのものを言い表すことができないという、この二つの面を同時に考えることによってしか、私たちはこの難問に向きあうことはできないと言ってよいであろう。

言葉は私たちの生活のなかで大きな役割を果たしている。それだからこそ、同時に私たちはその限界にも目を向けなければならない。私たちの経験のもつ豊かさこそが私たちの生の源泉であることに注目しなければならない。しかし他方、私たちは言葉を使ってこそその豊かさに形を与えることができるのである。大きく言えば、私たちは私たちが経験してきたものを言葉で言い表し、それを文化という形で蓄積してきた。その文化がもたらす豊かさのなかで私たちは生きている。経験と言葉とは深く結びついており、切り離すことはできない。この結びつきに目を向けることで私たちははじめて、この経験と言葉という難しい問題を解くための手がかりを手にすることができるのではないだろうか。

戦後の言葉をめぐる議論

さて以下では、戦後の思想のなかで言葉の問題がどのように議論されてきたかに目を転じることにしたい。

一九七〇年代から八〇年代にかけて、丸山圭三郎らによってソシュール（Ferdinand de Saussure, 1857-1913）などの言語学に関する研究が進められ、またローティ（Richard Rorty, 1931-2007）が編集した『言語論的転回』（一九六七年）が紹介されたりして、わが国においても言葉の問題に対して大きな関心が寄せられるようになった。人間に現実への通路を確保するのは言葉であるという考えは、すでにフンボルト（Wilhelm von Humboldt, 1767-1835）やカッシーラー（Ernst Cassirer, 1874-1945）などによっても示されていたが、そうした戦後の言葉の問題をめぐる探究を通して、言葉は予め区別された物や概念に付けられた名前であり、そのリストであるという考え方ははっきりと退けられるようになった。私たちの経験には、はじめから、世界において生起する出来事や事物を理解し解釈する枠組みである言葉が関与しており、それなしには経験が成立しえないということが明確に主張されるようになった。

経験と言葉のあいだに残る問題

この指摘が重要な意味をもつことはまちがいない。しかし先に見たように、私たちは言葉以前に遡ることができないが、しかし言葉がそのまま経験であるとは言えない。この経験と言葉とのあいだにある問題にあらためて注目した人に上田閑照がいる。

上田は『ことばの実存——禅と文学』のなかで、この問題に関して、私たちの経験を経験そのものと、それについての言葉による自己理解との二重性においてとらえようと試みている。経験は一面では経験そのものであるが、他面、それ自身が同時に、言葉によってそれ自身を解釈してもいるというのである。

私たちはたとえば美しいものに出会って「あっ」と息をのむというような経験をする。そのことによって私たちが前もって保持している世界理解の枠組みが突破される。つまり、言葉が奪われる。しかし同時にそこでその経験が「原感動音」となって現れ出る――たとえば「あっ」ということばが口をついて出る――。そのようなことばを上田は「根源語」と呼んでいる。それはまだ言葉ではない。言葉以前の言葉であり、言葉になる最初の出来事である。

そのあと、この「あっ」と息をのむという経験が、具体的に展開し、何に感動したのかが語られていく。言葉以前のものが言葉になっていくのである。これが、経験の言葉による自己理解である。この言葉が奪われ、そして言葉になろうとする一連の動きを上田は「言葉から出て、言葉に出る」と表現している。

経験とその自己理解とは一つの連続的な運動

この二重性を有する経験は、どちらに力点を置くかによって、二つの仕方で理解される。一方では、言葉による自己理解があってはじめて経験は経験でありうるという見解が出されうる。言葉で表現されるからこそ経験は経験として成り立っているのである。

しかし他方では、言葉は「有限にして特定の語彙圏と特殊な分節組織」である個々の言語としてのみ――日本語であれば、日本語という特定の語彙と文法構造とをもった言語としてのみ――可能であるために、経験の全体を言い表すことはできないという見解、つまり、経験そのものは言葉にとってつねに把握に余るものでありつづけるという見解が出されうる。*2

上田はそれに対して、このように一方に重心を置いて理解するのではなく、経験とその自己理解とを一つの連続的な動きとしてとらえようとする。経験は経験それ自体であると同時に、それについての言葉による自己理解でもあるのである。別の言い方をすれば、最初は主観と客観とがまだ分かれずに一体であった経験が、おのずから分かれ、自らを主と客に「分開」していくのである。

経験の第一次分節と第二次分節

この「分開」は最初の経験が言葉によって分節化されていく過程でもある。上田はこの分節化の過程を第一次の分節と第二次の分節とに分けて理解している。

まず第一次の分節においては、最初の経験が「AはBである」、たとえば「この花は美しい」というように表現される。まだ区別が何もなかった経験が、「花」と「美しい」との関係に分節される。しかしそこに「「主と客」のもとである未分への返照が同時に映じてくる」[3]と上田は言う。「AはBである」には「AはBでない」という「未分の無」――つまりまだ何の区別もなかった経験――が映っているというのである。したがって第一次の分節は「AはBである」と「AはBでない」が同時に成り立つような分節ということになる。

そこでは分別的知性の立場での「AはBである」という固定的な理解が、「未分の無」によって否定されている（上田は、たとえば「山は山なり、而して山は山に非ず、故に山なり」といった禅で用いられることばはこの次元で言われると述べている）。

それに対して第二次の分節では、そのような次元から出て、事態が分別的知性の立場に立って主と客との関係として分析され、把握され、説明される。もちろんそれも「未分の無」の自己展開の一つの次元だと言うことができる。

このように上田は経験と言葉との関係を、言葉が奪われる主客未分の経験とそれの第一次的分節・第二次的分節への自己展開として、あるいはこの「三つの水準ないし次元を張り渡す立体的な動的連関」[4]として理解しようとしている。経験と言葉についての一つの典型的な理解がここにあると言ってよいであろう。

坂部恵の日本語の構造や特質への関心

坂部恵は、カント哲学の研究から出発した哲学者であるが、それにとどまらず構造主義などの現代思想や、九鬼周造・和辻哲郎などの日本の哲学にも、また日本語の構造や特質にも深い理解を有した人であった。

明治初期に西洋の学問が導入され、日本の学問は根本的な変革を経験した。その際、新しい学問用語が数多く作られ、それが定着していった。たとえばlogicは「論理学」に、physicsは「物理学」に、societyは「社会」に、individualは「個人」に訳されていった。このような新しい漢語（近代漢語と呼ばれる）が普及し、日本語は学問の世界でも、また日常生活でも大きな転換を経験した（恋愛とか演芸といったことばも明治時代に作られたものである）。

この新しい漢語がこれまで知られていなかった新しい学問や制度、文化を受容する基礎になった。しかしそのことによって、具体的な経験の世界のことばと、新しく導入されたことばとのあいだに大きな溝が生まれた。漢語で構成された学問の世界と、伝統的にやまとことばで表現されてきた感情の世界、言いかえれば思考と文学や詩歌とが切り離されてしまったのである。切り離されただけでなく、伝来の日本語表現では論理的な思考ができないというようなことも主張されるようになった。

それに対して坂部は「欧米語と日本語の論理と思考」と題した論考のなかで、日本語による独自な思想表現の可能性があることを論じた。

「同一性の論理」と「〈関係〉の論理」

ヨーロッパで成立した諸言語ではすべての文章が“S is P.”という形に還元される。SとPとのあいだの同一性がその思考を成り立たしめる原理になっている。そこに「客観的・概念的・一義的な同一性の論理」が打ち立てられ、厳密な思考がなされてきた。

日本語ではそのような同一性に基づいた論理の展開はなされてこなかったが、しかし、論理的な思考がなされなかったわけではない。

日本語は、英語やフランス語などの「主－述二本立て」ではなく、国語学者の三上章の表現で言えば、たとえば、

郵便配達人が┐
私の兄に　　┼渡す。
手紙を　　　┘

という例が示すように、複数の連用修飾語（三上は、通常、主語、客語、修飾語と呼ばれるものをすべて述語を修飾するための連用修飾語とみなす）を一つの述語でとりまとめる「述語一本立て」の構造をもつ。そこではSとPのあいだの同一性の関係ではなく、多様な連用修飾

語と述語との関係が表現される。そこにまさに合理的な思考主体のうちにうまくとりこむことのできない「生の諸要素」を、言いかえれば、「人間の生存の場の総体を包括的に統合する」可能性があると坂部は言う。伝統的な日本語表現によって「〈関係〉の論理」とも呼ぶべきものが展開される可能性を坂部は見ていたと言ってよいであろう。*5

言葉の創造性

言葉は一方では、社会のなかで制度化されたものであり、固定した枠組みとして機能する（たとえば一つ一つの単語が意味する領域はそれぞれの言語で決まっている）。私たちの経験はその枠組みのなかにはめ込まれて理解されていく。それが世界の眺め・見え方としての世界観を作りだす。しかし言葉は他方で、そのような固定化した枠組みを打ち破って、事柄そのものに迫ろうとする。その言葉の創造的な力にもさまざまな仕方で目が向けられてきた。たとえば先に名前を挙げた上田閑照は『ことばの実存――禅と文学』に収められた「ことば――その「虚」の力」のなかで、言葉が有する「「虚」の力」に注目している。

通常は私たちは言葉によって実際に起こっていることを、論理的に矛盾がない形で表現する。そのような意味で言葉は通常は「実《じつ》」的な性格をもっている。しかし私たちには、単なる言いまちがいということではなく、むしろ積極的に「実際にはありえないことや論理的に矛盾したことなど不可能な「こと」を言うことがある。たとえば詩のなかで私たちは現実にはありえないことを言い表すことがある。しかしそれは単なる虚事、絵空事を表現したのではない。そこでは、「感覚の「我」による制限がはずされて、感覚が限りないところへと延びる」[*6]ことによってつかまれた「こと」が表現されている。そのような「虚」の表現を通して、私たちは既成の言葉の枠組みではとらえることのできない「こと」そのものに迫ろうと試みる。

言葉は一方では、世界を理解するための固定した枠組みであるが、しかしそれにとどまらず、その枠組みではとらえられないものを言い表す力をもつ。そうした言葉のはたらきに注目したものとして、この上田の言語論は興味深い。

言葉の表層構造と深層構造

先ほども言ったように、言葉は一面では、たとえば日本語なら日本語として、つまり日本語独自の語彙と文法をもつ言語として、長い歴史のなかで制度化されたものであり、固定した枠組みとして私たちの意思伝達や思考を規制する。言葉とは慣習的な意味を担う慣習的な記号のシステムであると言ってもよい。

井筒俊彦は、言葉をそのような表層の「憔悴した意味のシステム」としてではなく、その深層に目を向け、むしろ可塑的で力動的なものとして把握することを試みている。その際に井筒が手がかりにしたのが、大乗仏教の代表的な学派の一つである唯識《ゆいしき》で問題にされた阿頼耶識《あらやしき》であった。

仏教では多くの場合、人間の知るはたらき、意識、あるいは心のはたらきを六つ（眼、耳、鼻、舌、身、意）に区別する。唯識ではそれらの根底にさらに末那識《まなしき》（根源的な自我執着意識とも言うべきもの）と阿頼耶識とを考える。唯識によれば、人間の経験はすべて意識の深みに影を落として消えていく。つまり痕跡を残していく。痕跡は直ちに、あるいは時間をかけて集積し、「種子《しゅうじ》」に変わっていく。そして種子から芽が出るように、この「種子」からさまざまな存在ないし存在表象が生まれていく。このさまざまな存在の因である「種子」が貯蔵される場所が阿頼耶識である（阿頼耶識はその意味を込めて「蔵識」とも漢訳された）。

言葉の力動性

井筒は『意味の深みへ――東洋哲学の水位』に収められた論文「文化と言語アラヤ識――異文化間対話の可能性をめぐって」のなかで、この阿頼耶識の概念をその言語理論のなかに取り入れることによって（「言語理論的方向に引きのばして」）[*7]「言語アラヤ識」なるものを考えた。それは、井筒によれば、社会制度として定着した言語のなかにまだ組み込まれていない「潜在的意味」としての言葉の貯蔵場所である。まだ分節されていない、まだ明確な意味を担うにいたっていない「意味可能体」が生まれてくる意識下の領域である。そこでは無数の「意味可能体」が、意識の表層の明るみのなかに出ようとして、互いに絡み合い、相戯れている。「外部言語」とも言うべき慣習的な記号のシステムは、このような「創造的エネルギーにみちた意味マンダラの潑剌たる動き」[*8]に支えられて成り立っている。この潜在的な意味は条件が整えばやがて顕在的な意味として意識の表層に浮かびあがっていく。そしてそこでなされる経験の痕跡がふたたびアラヤ識に集積し、新しい「種子」を作りだす。このように言葉を、単にその表層構造においてだけでなく、同時にアラヤ識における「深層言語」までをも含む流動する全体構造において把握しようとした点に、言いかえれば、その力動性に注目した点に井筒の言語理解の特徴がある。

丸山圭三郎の言語論

丸山圭三郎は先にも触れたようにソシュールの言語理論の研究者として知られるが、その言語についての理解において、以上で見たような井筒俊彦の言語理解を受けついでいる。ソシュールは人間のもつ普遍的な言語能力（シンボル化活動）としてのランガージュを、社会のなかで制度化されたラング（日本語なら日本語、英語なら英語）と、個人が実際のシチュエーションのなかで行う発話行為としてのパロールとに分けて理解した。丸山はその理解を踏まえ、また井筒の言語理解から刺激を受けて表層と深層という概念を導入し、意識の表層においてラング化されたランガージュと、意識の深層にあって、いまだラング化されていないランガージュとを区別した。

しかも両者を二項対立的に分離するのではなく、円環運動のなかにあるものとして理解した。つまり、一方で「闇の豊饒《ほうじょう》」としてのランガージュは、意識の表層に顕在化して、道具としてのラングとなり、その秩序を支えるが、同時にそれは自己を解体し、意識の深層へと帰っていく。[*9] 言葉をこのような円環運動のプロセスとしてとらえた丸山の言語理解は、言葉とは何かを理解するうえで重要な示唆を与えてくれている。

以上で見たように、日本においても言葉をめぐってさまざまな議論がなされてきた。たとえば経験との関わりをめぐって、言葉がもつ創造的な力をめぐって、その表層と深層の構造をめぐって、さらには日本語による独自な思想表現の可能性をめぐって議論が積み重ねられてきた。それらは今後、言葉をめぐってさらに豊かな思索が生みだされていく可能性を示唆しているように思われる。

＊1　『西田幾多郎全集』第一巻二五五、二五六頁。
＊2　上田閑照『ことばの実存──禅と文学』（筑摩書房、一九九七年）八三─八四頁参照。
＊3　同書五〇頁。
＊4　同書五六頁。
＊5　「欧米語と日本語の論理と思考」は『仮面の解釈学』（東京大学出版会、一九七六年）に「日本語の思考の未来のために──欧米語と日本語の論理と思考」として収録された。同書一二八、一三八、一四五、一四七頁参照。
＊6　上田閑照『ことばの実存──禅と文学』五八頁、六四頁。
＊7　井筒俊彦『意味の深みへ──東洋哲学の水位』（岩波書店、一九八五年）七七頁。
＊8　同書八〇頁。
＊9　丸山圭三郎『欲動』（弘文堂、一九八九年）一三七、一五三頁参照。

第5講　自己と他者

哲学では「自己」あるいは「他者」も重要なテーマの一つだと言われたら、驚く人もいるかもしれない。自己とはまさに自己自身、自分自身のことであり、また他者とは目の前にいる家族や友人、あるいは見知らぬ第三者のことであり、とりたてて問題にする必要があるのだろうかという疑問をもたれる人もいるにちがいない。

しかし、私たちはほんとうに自分のことを知っているだろうか。「自己」は自分にとって自明であろうか。むしろ私たちは自己自身を見つめるのを避けて生きているのではないだろうか。あるいは、相手の表情の背後にある「他者」そのものを私たちは知っているだろうか。私たちはそもそも「他者そのもの」に迫りうるのであろうか。「他者」と言ったとき、それはすでにかなたに逃れ去ってしまっているのではないだろうか。そこに乗り越えられない壁が作りだされてしまっているのではないだろうか。

「自己」や「他者」の問題については、こうした困難な問いが待ち受けている。しかしそこには私たちを惹きつける何かがあるようにも思われる。それに以下で迫ってみたい。

私たちは自己を直視することを避けている

「自己」というのは、自分にとって、何よりも身近なものである。しかし私たちは普段、「自己」を見つめるということをしない。実際、「自己とは何か」と問う人は少ないであろう。むしろ自己を直視することを避けている。十七世紀のフランスを代表する哲学者の一人であるパスカル（Blaise Pascal, 1623-1662）もその主著である『パンセ』のなかでそのことを指摘している。

『パンセ』は彼が人間とは何かを見つづけた思索の記録であると言えるであろうが、[*1] そのなかでしばしば「気晴らし（気を紛らすこと）」（divertissement）ということばに出会う。

私たちはさんざん仕事や勉強に打ち込んだあとでも、まだ時間があれば遊びや賭事などをしたりする。場合によっては政治について口角泡を飛ばして議論したり、戦争にのめり込んでいったりする。そういったものをすべてひっくるめてパスカルは「気晴らし」ということばで呼んでいる。人間が「気晴らし」に身を投じるのは、独り何もしないでおれば、必然的に自己自身に向き合い、自己を直視しなければならないからである。それは非常に恐ろしいことだとパスカルは言う。具体的には、『パンセ』の断章一六八（ブランシュヴィック版）でパスカルは次のように述べている。「人間は、死と不幸と無知とを癒《いや》すことができなかったので、幸福になるために、それらのことについて考えないことにした」[*2]。自己に向きあえば、必然的に自己が死から逃れられない存在であること、そして自分が確かな信仰をもてないという悲惨、さらに無限なものを知ることのできない自分の限界を直視せざるをえないとパスカルは考えたのであろう。

確かにそうした自分を直視するよりは、「気晴らし」に身を投じた方がずっと楽に生きることができる。しかしそのような「気晴らし」は決して本当の意味での解決ではない、とパスカルは言う。「これ〔気晴らし〕こそ、われわれの惨めさの最大なものである。なぜなら、われわれが自分自身について考えるのを妨げ、われわれを知らず知らずのうちに滅びに至らせるものは、まさにそれだからである」[*3]。何も確実なものを手にすることなく死に至ることの悲惨さをパスカルはここで強調している。

「退屈」の恐ろしさ

西田幾多郎の弟子の一人で、京都大学で長く宗教学を講じた西谷啓治に『宗教と非宗教の間』というエッセー集があるが、そのなかで西谷は次のように「退屈」の恐ろしさを問題にしている。「仕事に飽きた場合は仕事が重荷になるだけだが、何もすることがないという退屈……では、自分というものが重荷になる。……その退屈の底から現われる空虚には、人間をゾッとさせ、粛然とさせる恐ろしさがある。厳粛にさせられるのを避けるために、時間を「潰《つぶ》し」、気を「紛らす」工夫をしなければならぬ。パスカルの時代には、divertissement はまだ有閑階級の特権でもあり難儀な負担でもあった。現代の「先進国」では、それは一般大衆のものである。……時間を潰すのに工夫はいらない。進歩する社会が……洪水のように〔それを〕提供してくれる」[*4]。

「気晴らし」が有閑階級の特権であったというのは、その階級のみが「つぶすべき時間」をもっていたということを指している。生きることで精一杯であった一般民衆には、「つぶすべき時間」はなかったのである。そしてそれが「難儀な負担でもあった」というのは、その気晴らしの手段を自ら作り出さねばならなかったからである。

それに対して現代では、ゲームや音楽、映画や演劇など、誰でもすぐに気晴らしの手段を手にすることができる。むしろ、それを避けるのに逆に工夫がいるくらいに、そうした手段が溢れるような時代に私たちは生きている。何もすることがないという「退屈」の底に空いている「空虚」あるいは「深淵」をあえてのぞき込もうとする人は、パスカルの時代よりもいっそう少なくなったと言えるのではないだろうか。

人間の生のはかなさと死

その「深淵」とは何だろうか。まず、人間の生のはかなさであり、死であると言えるだろう（「死」の問題については第10講であらためて詳しく論じる予定である）。

人間は親しい人の死に直面し、つねに生のはかなさ、哀しみ、恐れや不安と向きあってきたと言えるのではないだろうか。たとえば『万葉集』のなかに収められている次の大伴《おおともの》旅人《たびと》の歌が思い浮かぶ。

世の中は空《むな》しきものと知る時し　いよよますます悲しかりけり（巻五・七九三）

旅人は七二八年ころ、大宰帥《だざいのそち》、つまり大宰府の長官として、妻・大伴郎女《いらつめ》を伴って九州筑紫《つくし》に赴いたが、赴任してまもなく妻がこの世を去った。亡妻への思いを込めて詠ったものである。「世の中」ということばは、古代インドで使われていたサンスクリット語の「ローカ・ダートゥ」(loka-dhatu)、つまり、流れてとどまることのないものが存在している場所という意味を踏まえる。妻の死を前にして、あらためてすべてのものが移ろい、流れ去っていくという理《ことわり》、そして生きることのむなしさを実感し、ますます悲しさが迫ってきたということを旅人は詠っている。世の無常への痛切な思いが、率直に吐露されている。

日本の文芸はそのような思いを詠い、語りつづけてきたと言ってもよいかもしれない。しかし、現在、気晴らしの手段に取り囲まれた私たちは、このような形で生のはかなさ、生きることのむなしさ、死と正面から向きあう機会をもっているであろうか。むしろそのような仕方で「自己」と向き合う機会を失ってしまっているのではないだろうか。

「自己」をもたない人

「死」は「自己とは何か」を考えるうえで大きな意味をもっているが、もちろん、生があっての死であり、日々のさまざまな営みが「自己」の重要な部分を構成している。私たちの日々の営みを支えている「自己」とはいったい何であろうか。

初期キリスト教の教父であり神学者であったアウグスティヌス（Aurelius Augustinus, 354-430）が「時間」について、それが何か尋ねられないときには知っているのに、いざ尋ねられて説明しようとするとわからなくなってしまうという趣旨のことを語っているが、「自己」についてもそういうことが言えるかもしれない。「自己とは……である」と簡単には言い表しがたいものがある。

しかしもし「自己」をもたない人、「自己」を失った人がいるとすれば、そこから答が見つかるかもしれない。そういう人と、ふつうに「自己」について語り、それについて何の違和感も感じていない人との違いを明らかにすることによって、そこから「自己とは何か」という問いに答えられるかもしれない。

離人症

そういう観点から注目されるのは前出の離人症と呼ばれる精神の病である。第3講で述べたように、木村敏の『自覚の精神病理――自分ということ』によれば、離人症の患者は、物がそこにあるという感じがしないというように、物の実在感の喪失を訴える。しかしそれにとどまらず、「自分というものがまるで感じられない。自分というものがなくなってしまった。……何をしても、自分がしているという感じがしない。感情というものがいっさいなくなってしまった」というように、自己の喪失についても語る。[*5]

この自己喪失感が離人症の大きな特徴である。その離人症の患者は時間についてもその流れがおかしいと訴えている。「てんでばらばらでつながりのない無数の今が、今、今、今、今、と無茶苦茶に出てくるだけで、何の規則もまとまりもない」[*6]と述べている。

私たちにとって、今は、単なる今ではない。学生の皆さんであれば、今は大学に入ってからの積み重ねのうえの今であるし、進路選択ということに関わった今である。そのような意味で、表情を持ち、意味で満たされた今である。離人症の患者にとっては、その今が、意味をそぎ落とされた単なる「今」、他の今とのつながりを失った「今」になっていると考えられる。

今が他の今とのつながりを失って、単なる「今」になるということと、自己の実在性が失われるということは、ある意味で同じ事態であると言ってもよいであろう。先ほどの患者は「瞬間ごとに違った自分が、何の規則もなくてんでばらばらに出ては消えてしまうだけで、今の自分と前の自分との間に何のつながりもない」[*7]と述べている。今何かを見、今何かを語っている自分というのはいる。しかしその自分が、以前の自分、未来の自分とのつながりを失っている。その意味で自分の中にあるはずの意味の充実というものがなくなっている。私たちに本来あるはずの自己の「厚み」とも言うべきものが失われているのである。

「ことのネットワーク」としての「自己」

以上のことを前提にして「自己とは何か」ということをあらためて考えてみると、「自己」とは、単に、今何かを見たり何かを語ったりしている私を省みたときに、そこにつかまれるものではなく、その私が、過去の経験や思いとの関わりから、また未来の希望や夢、不安などとの関わりから生じてくる無数の意味によって充たされていること、そうしたありようを指していると考えられる。

このことを第3講で取りあげた「もの」と「こと」[*8]ということばを使って説明してみたい。私が私に向かって、あるいは私自身を省みて「私」と言うとき、何か「私」という「もの」が最初からあるように響くが、そうではない。私が何かを見たり、何かを語ったりしているという「こと」、しかも「私が」というように、「私」がとくに前面に出ることとなくそうしている「こと」が、無数の意味と結びついて意識されるとき、私たちは、私たちが「自己」ということについて語ることに何の違和感も抱かない。これが「自己」の実態ではないだろうか。それに対して、そのような結びつきが見いだせないとき、人は「自分がなくなった」という意識をもつのではないだろうか。

私たちが「自己」とか、「自分」とか呼んでいるものは、決して「もの」ではなく、いま言った意味での「こと」、あるいは「こと」と「こと」との関わり、さらに言えば、「ことのネットワーク」であると言えるのではないだろうか。

表層の自己と深層の自己――井筒俊彦

しかし「自己」は「ことのネットワーク」だけには尽きないと言えるかもしれない。私たちが意識している「自己」の領域の底には、私たちが意識していない領域があると言えるのではないだろうか。もしそうであれば、「自己とは何か」という問いに答えるためには、私たちは私たちの「意識」の言わば深層とも言うべきものにも目を向けなければならない。

第4講で取りあげた井筒俊彦は、そこで触れた『意味の深みへ――東洋哲学の水位』のなかで、「自我」と「自己」ということばを使ってその問題について論じている。

井筒によれば「自我」とは、私たちの表層の意識、つまり言語という慣習的な記号のシステムによって分節された世界の中心にあるものを言い表したものである。しかし私たちは、この意識の表層の領域、あるいはその中心にある「自我」だけで成り立っているのではなく、その根底には、さしあたっては隠されているが、しかし意識の表層の働きを支えているものがある。井筒はその領域を「自己」ということばで言い表す。しかし私たちが成長し、理性的、意志的な活動を活発にすればするほど、「自我」の領域が大きくなっていく。つまり「自我」が肥大化していく。そのように「表層の意識」が厚みを帯びれば帯びるほど、「自己」の領野は覆い隠されていく。

しかしもちろんそれがなくなったわけではない。「自我」のはたらきは「自己」によって支えられつづけている。井筒は、この意識の領域の根底にあって「自我」のはたらきを支えている「自己」をめぐって、東洋の主要な思想潮流は発展してきたと言う。表層の意識によって覆われた「真の自己」の探究が東洋の「哲学的思考の出発点であり、基礎であり、中心課題」*9であったと井筒は述べている。

「自己」に目を向けてきた東洋の伝統思想

その一例として井筒は『荘子』を挙げている。『荘子』の「逍遙遊《しょうようゆう》篇」に荘子と恵子（荘子と同じ時代の人で、名家《めいか》、詭弁学派に属する人〉との対話が出てくる。まず恵子の方が「私のところに樗《ちょ》〔日本名：おうち、せんだん〕という大木があるが、幹はこぶだらけであるし、枝は曲がりくねっていて、何の役にも立たない。ちょうどあなたの議論のようなものだ」と荘子に向かって言う。それに対して荘子の方は、「その木が役に立たないのを気にしておられるようだが、もしそうなら、それを無何有《むかゆう》の郷《きょう》、広莫《こうばく》の野《や》に植えて、その傍らで無為に過ごし、ゆうゆうと昼寝でもしたらどうか」と答える。

この「無何有の郷」、「広莫の野」は、井筒によれば、さしあたっては言語によって分節される以前の存在の根源的なありようを指しているが——それを荘子は「道《みち》」とも言い表している——、同時に、言語という固定した分節システムによって囚えられる以前の「自己」のありようでもある。

このように東洋の伝統的な思想は、理性、あるいは合理的思惟の発達とともに肥大化した意識の表層部分によって覆われるようになっていった意識の深層の部分に目を向けてきた。しかも、それに目を向けるだけでなく、「先ず哲学者たる人間が、真の「自己」を自分の実存の深みにまで主体的に追求して行き、それを自ら生きるということ」を目ざしてきた。そこにこそ「いわゆる東洋的なるもの」があるとも、それこそが「東洋的主体性の現《げん》成《じょう》」であるとも井筒は述べている。*10

根源的主体性

ここで「東洋的主体性」ということばが使われているが、それは先ほど触れた西谷啓治の言う「根源的主体性」に通じる。西谷の最初の著作は『根源的主体性の哲学』（一九四〇年）と題されたものであった（そこで西谷はこの「根源的主体性」の上に自らの哲学を打ち立てようとしていた）。そのなかで西谷はこの「根源的主体性」について次のように語っている。「「われ在り」ということの究極の根柢は底なきものである、吾々の生の根源には脚を著《つ》けるべき何ものも無いという所がある、寧《むし》ろ立脚すべき何ものも無い所に立脚する故に生も生なのである、そしてそういう脱底の自覚から新しい主体性が……現れて来る」[*11]。

「われ在り」というのは、私たちの意識の領域と、それを支えている自己の存在を指していると理解してよいであろう。その底には「底なきもの」——井筒の言い方で言うと、「自己」の領域——が広がっている。それは私たちの意識の、あるいは知のはたらきによって直接知ることができないものであり、私たちはそこに足をつけることができない。私たちは立脚すべき場所をもたないのである。しかしそのような自己のあり方を打ち破る自覚のはたらきによって、意識のはたらきがその根底にあるものによって支えられていること、「生が生である」ことを知ることができる。そこに「新しい主体性」が現れてくる。それが私たちの新しい生き方を可能にする、これが西谷がこの書において語ろうとしたことであったと言えるであろう。

このように私たちの意識のはたらきの根底にあるものを——たとえば「無意識」として——一つの対象として把握し、分析していこうとするのではなく、意識のはたらきを支えているものとしてとらえ、それに支えられた自らの「生」を自覚的に生きることを目ざしてきたところに、東洋独自の「自己」の理解があると言ってよいであろう。

森有正の「経験」についての理解

さらに「自己とは何か」を問うとき、ただ「自己」にのみ目を向け、「他者」に目を向けなければ、その問いに対してほんとうの意味で答えることはできないのではないだろうか。「自」という漢字が、もともと体の一部である「鼻」を表したものであり、他の人を前にして自分自身を指し示すために用いられたものであったこともそれを示している。

この「自己」と「他者」の関わりに注目した思想家に森有正がいる。森はデカルトやパスカルの研究者でもあったが、「経験」という概念がもつ意味に注目し、その上に独自の思想を築きあげた人でもあった。

一九七七年に発表した『経験と思想』で森は「経験」を、感覚が堆積し、発酵を重ね、そのなかから時の流れに、つまり感覚が風化し、形を失っていくことに抵抗するものが生まれでてくること、そこから時を超えた形あるものが結晶してくることとして説明している。そしてそこから「思想」が形作られていく。「経験」を組織化し、秩序づけ、普遍へと高めたものが「思想」である。ところが日本人の場合――ヨーロッパの人々と比較して――この「経験」の「思想」への成熟がきわめて困難であることを森は指摘している。

「二項関係」という閉じた空間のなかに閉じ込められた「経験」

その理由を森は次の点に求めている。「日本人においては、「経験」は一人の個人をではなく、複数を、具体的には二人の人間の構成する関係を定義する」。[*12] ヨーロッパの人々においては「経験」のなかから個人、あるいは個の主体性ということが出てくるが、日本人の場合には、個が、あるいは「私」が出てこないというのである。

森によれば、日本人の「経験」から出てくるのは、つねに「二人の人間の関係」、つまり「あなた」とつながった「私」でしかない。そのように言うと、「あなた」を前提にして「私」が自立してくるように響くが、そのことをも森は否定する。「「日本人」においては、「汝」に対立するのは「我」ではないということ、対立するものもまた相手にとっての「汝」なのだ」[*13] と森は言う。「私」は最初から、たとえばある友人に相対する以前に、自分のなかに確固とした根拠を持つ「私」として存在していて、その上で「あなた」に相対するのでもないし、また、その友人と出会うことによって「私」が成立してくるのでもない。むしろつねに「あなた」がいて、「私」は、その「あなた」に対する限りでの何かあるもの（汝の汝）としてある。つまりその場合も、私は、真に「私」として、言いかえれば一人称として、あるいは「自己」として確立されるのではなく、つねに「あなた」から規定されるという関係——それを森は「二項関係」とか「二項結合方式」と呼ぶ——のなかに閉じ込められている。

日本人の「経験」はこの「二項関係」という閉じた空間に閉じ込められている。経験されたものはこの閉じた——親密性をもった——関係のなかでのみ意味をもつものとして、つまり、どこまでも個別なものとして受けとめられ、普遍化されることがない。また、新しくなされた経験もその親密な関係を維持するようにすぐに形を変えられる。未知のものを未知のものとして受けとめ、それを既存のものと比較し、そこからより高次の普遍性をもったものを作りあげていくということがなされないのである。それが「経験」の「思想」への成熟を妨げていると森は言うのである。

さまざまな「役割」の集合としての「私」

「自己」が「他者」を前にして「自己」であり、「自己」であることを意識するというのは、もちろん日本人にかぎられたことではない。誰しも、「他者」を前にしたときに、言わばそこから光を照射され、そのことによって「自己」がいかなる存在であるかを把握する。「自己」はそれだけで単独であることによってではなく、むしろ「自」と「他」との関係のなかではじめて「自己」であることを認識する。

そのような関係にあるとき、「自己」は「他者」に対してつねに、ある一定の「役割」をもった存在として相対しているということが言えるであろう。いまこの本を読んでいるあなたの場合、たとえば親として、あるいは子として、サラリーマンとして、学生として、といったさまざまな役割を担いながら、「他者」に対している。そのとき相手は、子として、あるいは親として、部下として、教師として等々の役割を担いながら、あなたに相対しているにちがいない。

そのようにさまざまな「役割」を担いながら生きているということは、私たちが、ある意味でたとえば親という仮面、子という仮面、学生という仮面というように、さまざまな「仮面」をかぶって生きているということでもあろう。ひょっとすると、この「役割」ないし「仮面」の全体、あるいはその集合が、私たちが一般に「自己」、あるいは「私」ということばで呼んでいるものだと言ってもよいかもしれない。私たちはたいていの場合、私たちが演じるさまざまな「役割」の背後に、変わらない不動の「私」というものがあると思い込んでいるが、ひょっとするとそれは単なる思いこみであって、「私」というのは、結局のところ、さまざまな「役割」、あるいは「仮面」の集合にすぎないのかもしれない。

二重化する「自己」——「仮面」と「素顔」

この「仮面」ということと関わってきわめて興味深い考察を行った人に、第4講で名前を挙げた坂部恵がいる。

私たちは普通「仮面」ということを言う場合、「仮の面」という表現からも明らかなように、それをあくまで仮のものと考える。私たちはあるシチュエーションのなかで一時的にある役割を演じるが、本当の自分は別のところにあると考える。その役割を「仮面」と呼べば、「仮面」の下にある「素顔」こそが自分であり、「仮面」はその「素顔」にたまたまかけられた覆いであるというのが、一般的な理解であろう。

そういう見方に坂部は前講でも取りあげた『仮面の解釈学』のなかで反対している。坂部はそこで、そういう見方は特殊近代的な見方なのだということを指摘している。つまり同一性の論理によってすべてのものを分類し、そこに生じる対立を固定的にとらえる近代特有のものの見方に基づいて、私たちは自己をも固定的なものとしてとらえる。そこに仮面と素顔という対立が生まれてくると坂部は言うのである。

坂部は「仮面」ないし「面」を「おもて」ということばで代表させているが、「おもて」という日本語は、「おもつへ（面つ方）」ということばが縮まってできたものであり、「うしろつへ（後つ方）」と対になったことばであった。その対になったもののどちらが「おもて」であり、どちらが「うらて」であるかは、相対するものとの関係で、あるいはシチュエーションのなかで相対的に決まってくるものであり、アプリオリにどちらかが本来のもの、あるいは仮のものと決まっているわけではないと坂部は言う。両者はむしろ相互変換的であると言ってもよい。「おもて」と「うらて」とは相互にその位置を交換しうる、あるいは他に姿を変えうる（メタモルフォーゼしうる）のである。それにもかかわらず、近代においては、自同性の論理に災いされて、両者の関係を固定的にとらえることが一般になされている。そのように「変身（メタモルフォーシス）」の感覚を失ったのは、まさに近代の病弊である、ということを坂部はそこで指摘している。

「原初の混沌」の変身としての「仮面」と「素顔」

先に述べたように、私たちは他者との関わりのなかでさまざまな「役割」を担いながら生きている。その「役割」を離れて「純粋な自己」というものがあるのだろうか。坂部はそのような「純粋な自己」の存在を否定する。「私」はつねに具体的な「役割」を担い、具体的な「仮面」をかぶって現れる。「素顔」もまたこの現れの一つなのである。「仮面」が「私」の「他者」であるとすれば、「素顔」もまた「他者」以外のものではない。「他者性につきまとわれることのない純粋な自己」[14]というものはどこにも存在しないと坂部は言う。あるのは、具体的な形をとって現れでたものだけである。そこでは「仮面」は「素顔」の単なる仮象ではない。それは仮の姿でも、偽りでも、比喩でもない。そのことを坂部は次のように表現している。「仮面が素顔の隠喩であると同等な資格において、素顔は（何らかの〈原型〉などではなく）仮面《マスク》の隠喩である」[15]。

そのような観点に立つとき、「仮面」ないし「おもて」は、決して素顔から切り離された仮の面、あるいはリアリティから区別された「表面」ないし「現象」ではない。むしろそれは「原初の混沌」、「カオス」[16]が自在な変身のうちに「かたり」出されたもの、「かたどられた」ものにほかならない。「仮面」がそうであるように、「素顔」もまたこの変身の一つの形なのだというのが坂部の理解である。

「他者」という難問

私たちが「他者」に出会うとき、ある役割を担った、言いかえれば「仮面」をかぶった

「他者」に出会っている。「他者」もまた「仮面」をかぶった「私」に出会っている。そこで「私」は、あるいは「他者」は、ほんとうに「他者」に出会っているのであろうか。ただその表面を見ているだけではないのだろうか。

本講の冒頭で、私たちが「他者」を前にして「他者」と言ったとき、そこですでに乗り越えられない壁が作りだされているのではないかと言った。「他者」と言ったとき、私たちはすでに生きる主体としての他者からその内部性を奪い取ってしまっているのではないか。ただ外から見られた「他者」をそこに見ているだけではないのか。「他者」と言うことによって、私たちははじめからその内部性への道を閉ざしてしまっているのではないのか。「他者」の問題は、このような困難な問題をそのなかにはらんでいる。

もちろん、私たちは――たとえばフッサール（Edmund Husserl, 1859-1938）がしたように――類推を通して、あるいは感情移入を通して、そこに内部性をもった「他者」を想定し、そこに迫ることができると言うことができるかもしれない。しかしそこでもなお、私たちは自己の感情や思いを通してとらえられた「他者」、つまり自己の影を見ているだけではないのか。言わば擬似自己とでも言うべきものを立てただけではないのか――これらの問いが私たちに迫ってくる。

西田幾多郎の「絶対の他」

実際、私たちは私たちの側から見られた「他者」しか知ることができない。

西田幾多郎は一九三二年に「私と汝」(『無の自覚的限定』所収)という論文を発表した。西田はそれまで「実在とは何か」という問題を「自己」の側から、自己の「自覚」として論じていたが、そこではじめて「他者」の問題に触れた。

そこで西田は次のように述べている。「私に対して汝と考えられるものは絶対の他と考えられるものでなければならない。物は尚《なお》我に於てあると考えることもできるが、汝は絶対に私から独立するもの、私の外にあるものでなければならない」*17。物に対しては、私たちは私たちのパースペクティヴのなかで位置を与え、意味を与えることができる。その意味で物は「我に於てある」と言うことができる。しかし汝はそのような我からの意味付与を拒否する。それを拒絶し、絶対に「独立するもの」として私たちの「外」にありつづける。そのような意味で「他者」は「絶対の他」*18である。

自己と他者のあいだの「人格的行為の反響」

しかし西田は同時に、その絶対の他は、私を否定するものであるだけでなく、「自己自身を表現する」ものでもあると言う。「絶対の他」は——「絶対の汝」として——私に「呼びかける」ものでもある——そのように「汝」という言い方がされるときには、「他」は単なる「他」ではなく、私に対して自己を「表現する」もの、「呼びかける」ものであるという意味が込められている——。

つまり汝は、絶対の断絶のなかにありながら、私に対して、汝に応答するように、あるいは対話するように語りかける存在でもある。私は、このように私に対して呼びかけ、応答を求める汝を人格として認める。それに対して汝もまた私を人格として認める。つまり相手を人格として承認することが相互的に成立する。それを西田は「人格的行為の反響」[*19]ということばで言い表している。このように「他者」とのあいだに絶対的な断絶だけでなく、呼びかけあい、互いに人格として認めあう関係が生まれうると考えていたところに、西田の「他者」理解の特徴があると言うことができるであろう。

＊1　『パンセ』は一六七〇年に出版されたが、パスカル自身が出版したものではなく、死後に遺族や友人たちの手によって刊行された。

＊2　パスカル『パンセ』（前田陽一・由木康訳）、『世界の名著』第二四巻『パスカル』（中央公論社、一九六六年）一三六頁。

＊3　同所。

＊4　西谷啓治『宗教と非宗教の間』（岩波書店、一九九六年）二八頁。同書は二〇〇一年に「岩波現代文庫」の一冊として再刊された。

＊5　木村敏『自覚の精神病理——自分ということ』一七頁。
＊6　同書一八頁。
＊7　同書一八頁。
＊8　第3講八八頁以下参照。
＊9　井筒俊彦『意味の深みへ——東洋哲学の水位』二七頁。
＊10　同所参照。
＊11　西谷啓治『根源的主体性の哲学』（弘文堂書房、一九四〇年）二頁。
＊12　森有正『経験と思想』（岩波書店、一九七七年）、『森有正全集』（筑摩書房、一九七八—一九八二年）第一二巻六二頁。
＊13　同書六三—六四頁。
＊14　坂部恵『仮面の解釈学』（東京大学出版会、一九七六年）八二—八三頁。
＊15　同書八三頁。
＊16　この「原初の混沌」、「カオス」を坂部は西田幾多郎の術語を用いて「〈述語となって主語とならない〉根源的な〈述語面〉」とも表現している。『仮面の解釈学』八頁参照。西田はわれわれの認識の基礎にありながら、それ自体としては捉えることのできない超越的なものをこの「述語となって主語とならないもの」ということばで表現している。それに関しては拙著『西田幾多郎——生きることと哲学』（岩波新書、二〇〇七年）九二—九三頁を参照されたい。
＊17　『西田幾多郎全集』第五巻三二三—三二四頁。
＊18　木村敏はこの「絶対の他」をめぐって「自己の病理と「絶対の他」」という論文を発表している。上田閑照編『西田哲学への問い』（岩波書店、一九九〇年）所収。
＊19　『西田幾多郎全集』第五巻三〇六頁。

第6講　身体

日本の哲学の基礎が踏み固められるうえで西田幾多郎が果たした役割は大きいが、それを踏まえ、あるいはその影響を受け、日本の哲学は大正から昭和に入った頃にさらに多様な展開を遂げ、豊かな成果を生みだしていった。ちょうどこの時期に多くの研究者がヨーロッパに留学し、新しい哲学の潮流に触れたこともその要因となった。

たとえば九鬼周造や田辺元、阿部次郎、三木清、高橋里美、務台理作、和辻哲郎らが大正の後半から昭和の初めにかけてドイツ、フランスに留学し、帰国後、ヨーロッパで吸収したものの上に独自の思想を作りあげていった。

彼らが留学した一九二〇年代は、ヨーロッパの哲学がもっとも輝かしい光を放った時期であった。そのときヨーロッパ、とくにドイツは第一次世界大戦後の大きな混乱のなかにあったが、文化のさまざまな領域において、伝統的なものを打ち破る新しい実験が大胆に試みられた。

哲学の領域においても、二十世紀の哲学の大きな潮流はほとんどこの時期に成立したか、あるいは大きな発展を遂げた。田辺元はこの変化を「認識論と現象学」(一九二五年)と題した論文のなかで、「学の哲学」から「生の哲学」へと表現したが、それまでにない新たな視点から、実在とは何か、人間とは何かということが問い直されていった。つまり、存在や人間を意識・知・理性・論理(同一性)の側からのみとらえるのではなく、むしろそこからあふれでるもの、それらによって覆い隠されるもの、背後にありながら、逆に表面に出ているものを支えているもの、そういったものにまなざしが向けられた。具体的に言えば、感情や欲望、身体、無意識、環境、差異性といったものが視野のなかに取り込まれていった。

現代、まさにこうした問題に熱い視線が注がれているが、出発点はこの時代にあったと言ってよいであろう。本講ではこの新しい思潮を日本の哲学者たちがどのように受けとめ、そこからどのようにして独自の思索を紡ぎだしていったのかを見てみたい。

三木清の「アントロポロギー」

いま述べたような新しい哲学の潮流に触れ、日本において哲学の新たな展開に大きな寄与をした哲学者の一人に三木清がいる。三木は西田幾多郎のもとで学んだあと、ヨーロッパに留学し、最初ハイデルベルク大学で新カント学派の泰斗ハインリヒ・リッケルト（Heinrich Rickert, 1863-1936）のもとで、次いでマールブルク大学で、当時まだ少壮の学者であったマルティン・ハイデガー（Martin Heidegger, 1889-1976）のもとで学んだ。

三木清の初期の関心を規定していたものを一言で表現すると、おそらく「アントロポロギー」（Anthropologie, 人間学）ということになるであろう。彼の最初の著作は、『パスカルに於ける人間の研究』（一九二六年）であったし、それ以後彼が示すようになったマルクシズムへの関心も、「人間学のマルクス的形態」（一九二七年）という論文が示すように、留学中に触れた「人間学」への関心と深く結びついたものであった。

『パスカルに於ける人間の研究』の「序」で三木は次のように述べている。「『パンセ』に於て我々の出逢うものは意識や精神の研究でなくして、却《かえっ》て具体的なる人間の研究、即ち文字通りの意味に於けるアントロポロジーである」（一・四）。[*1] パスカルが『パンセ』のなかで問題にしようとしたのは、意識や精神という一つの側面に限定された人間ではなく、その全体、「具体的なる人間」であったというのである。

パトス的な存在としての人間

ここでは、「具体的なる人間」と言われているだけであるが、後に『構想力の論理　第一』（一九三九年）の「序」のなかで、この書を振り返って、三木は次のように記している。「合理的なもの、ロゴス的なものに心を寄せながらも、主観性、内面性、パトス的なものは私にとってつねに避け難い問題であった。パスカルが私を捉えた……のも、或《あるい》はまたハイデッゲルが私に影響したのも、そのためである」（八・四）。

三木の関心を引いたのは、理性をもち論理的に思考するロゴス的な存在であるだけでなく、同時に欲望や感情をもち、情念に動かされるパトス的な存在である人間であったと言ってよいであろう。三木はのちに発表した「読書遍歴」(一九四一年)と題する随筆のなかで、マールブルク大学のハイデガーのもとで学んでいたとき、やはりそのもとで研鑽を積んでいたカール・レーヴィット(Karl Löwith, 1897-1973)から勧められ、当時ドイツの多くの青年をとらえていた「不安の哲学とか不安の文学」、具体的に言えば、ニーチェやキェルケゴール、ドストエフスキーなどを読みふけったと記している。先の引用文のなかで「主観性、内面性、パトス的なもの」と言われていたものは、この「不安」ということばでも言いかえられるであろう。三木が帰国を前にパリの書店で偶然手にした『パンセ』に引き込まれ、『パスカルに於ける人間の研究』を書き始めたのも、そのなかにいま言ったような不安、内面性が息づいているのを見いだしたからであったと言うことができる。

『哲学的人間学』の構想

三木の「アントロポロギー」、言いかえれば「具体的なる人間の研究」への関心は、一九三三年から一九三七年にかけて執筆された『哲学的人間学』につながっている。この書は『岩波全書』の一冊として出版が計画され、何度となく書き直され、校正刷りまで出たが、実際には出版に至らなかった。しかし三木の思想の展開のなかで重要な意味をもつ著作である。

三木が『哲学的人間学』の執筆を思い立ったのは初期の人間学への関心がその基礎にあるが、同時に、一九二〇年代にシェーラー（Max Scheler, 1874-1928）の『宇宙における人間の地位』（一九二八年）やプレスナー（Helmuth Plessner, 1892-1985）の『有機的なものの諸段階と人間』（一九二八年）などが発表され、ドイツで、そして日本でも人間学をめぐってさかんに議論がなされたことがあったからであろう。

『哲学的人間学』のなかで三木は、人間学の特徴を他の諸科学と比較し、次のように言い表している。たとえば生理学や心理学といった学問が人間の一部分をその対象とするのに対し、人間学は人間をその全体において取り扱う点に特徴がある。人間を人間として把握するためには、単なる思惟の主体としてではなく、また、単なる身体としてではなく、その全体においてとらえなければならないというのが三木の確信であった。

心によって活かされた身体

三木にとって、人間をその全体においてとらえるというのは、一つには、「人間を身体から抽象しない」ことを、それとともに「身体を人間から抽象しない」ことを意味した。

「人間を身体から抽象する」というのは、人間を単なる認識の主体に、いわば「見る眼」のようなものに還元することを意味する。認識論を重視する立場――たとえば新カント学派――などでは、そういう見方がされることが多いが、それでは人間存在は理解されないというのが三木の考えであった。

それに対して、「身体を人間から抽象する」というのは、身体をたとえば生物学や生理学の観点から考察すること、単なる物体として考察することを意味する。そのような学問にはもちろんそれ独自の意味があるが、しかしそれによっては人間存在をそのものとして理解することはできない。

身体は単なる物体ではなく、「「心に活かされた」beseelt 身体」(一八・一四九)であると三木は言う。beseelt というのは、ドイツ語の Seele つまり魂＝生命を与えられたという意味であり、身体はそれによって活かされている身体であるというのである。それを三木は「主体的意味に於ける身体」(一八・一四九)とも言い表している。

パトス

それと関連して三木は、私たちが、身体を有するが故に感情をもち、衝動や欲望に動かされる存在であること、つまり「パトス性」を有することを強調している。「パトス」について三木はここで次のように定義している。「パトスとは主体性内面性に於ける自然である」(一八・一五二)。身体をもち主体として生きる人間の「内なる自然」が「パトス」ということになる。

そして三木はこの「内なる自然」としての「パトス」のうちに、二つの面を見ている。パトスとはもともとギリシア語で「受動」を意味することばであるが、私たちがつねに一定の状態に置かれていること、ある気分や情緒のなかに置かれていること、この人間存在の「状態性」(ハイデガーの用語が使われている)がパトスの一つの側面である。その側面に注目すれば、身体は「受動性の場」(一八・一五二)である。しかし三木は、同時に、パトスが能動的な側面をもつことを強調している。つまり、身体が衝動的なものであることを指摘している。身体を貫いて私たちを行為へと迫る衝動的なもの——パトスを表現するために「自然」ということばが使われたのは、そういう「衝動的なもの」を言い表すためであったと言えるであろう——が私たちのなかにあることを指摘する。

このような受動と能動、外から限定され、ある状態、つまり特定の気分や情緒のなかに置かれるとともに、そのことによって生じる衝動や欲望に突き動かされるという、この二つの側面をあわせもつものとして三木は身体をとらえている。この二重の意味で身体はパトス的であると言うことができる。

個体であるとともに社会的な存在である人間

三木はこの身体が果たす役割について次のように述べている。「我々は身体によって個体として限定されるが、同時に我々は身体を媒介として我々の存在の根柢たる社会に帰入するのである」(一八・一五三)。身体をもつことによって私たちははじめて一箇の個体となる。先ほど「人間を身体から抽象する」ということを言ったが、単なる認識の能力として人間をとらえるとき、そこからは「個体」ということは出てこない。その場合には、認識されている世界がすべてであって、認識している側に属している身体的存在としての私は、そのなかに入ってこない。それに対して、三木は、私たちが身体的存在であるが故に、一箇の「個体」となると言うのである。

それは一面では私たちが個体として限定されるということを意味する。身体は私たちの世界を限界づける。しかし三木はそれと同時に、身体は私たちを社会へと参与せしめるものでもあると言う。私たちが単なる認識の能力として考えられるならば、おのずから独我論、つまり自我とその意識だけが実在するという立場に行き着いてしまう。そこでは他者は、私たちの意識、あるいは私たちが認識している世界のなかの一点にすぎない。認識の風景のなかに位置する一つの点になってしまう。そこでは他者とのコミュニケーションは生じない。身体をもった「個体」的存在であるからこそ、他者と出会い、他者とのコミュニケーションが生まれるのである。

この二重性において身体をとらえているところに三木の身体論の特徴がある。つまり、一方で身体は「個体」としての私を成り立たせる鍵となるとともに、他方、社会への参与の基盤ともなっているのである。ここからも、三木が早い時期に先駆的な仕方で身体の問題に切りこんでいたことがわかる。

「構想力の論理」へ

いま見たように、三木は『哲学的人間学』のなかで興味深い「身体」論を展開していたが、その出版を断念し、一九三七年の五月から、のちに『構想力の論理　第一』にまとめられる論考を雑誌『思想』に発表しはじめた。三木はなぜ『哲学的人間学』の出版を断念し、『構想力の論理』を書き始めたのであろうか。

三木はこの書の第一章「神話」の冒頭で「構想力の論理」について、「抽象的思惟の論理とは区別される論理」、あるいは「理性の論理と異る論理」(八・一三)であると説明している。なぜそのような論理が問題にされなければならないのか、その問いについて三木は次のように記している。「我々が物そのものに、その物質性における物に突き当るのは身体によってである。我々は物として物に突き当る。いまその主体性における身体をパトスと名付けるならば、物の論理は単純にロゴス的な論理でなくて同時にパトス的なものに関わらねばならぬであろう」（八・一五）。
ここから私たちは、「構想力の論理」が三木の人間理解、三木独自の人間学と強く結びついていたことを知ることができる。私たちは身体を有し、パトスを有する存在である。その私たちが言わば物（身体）として物と関わること、この全体をとらえる論理が求められるのであり、それは当然、「抽象的思惟の論理とは区別される論理」でなければならないというのが三木の考えであった。三木は『構想力の論理』において自らの人間学を放棄したのではなく、むしろそれを展開しようとしたのである。

パトスとロゴスを結びつける「構想力」

『哲学的人間学』においても三木はすでにパトスの能動性に注目していた。それはそれ自身を外に向かって表現しようとする。しかしそれだけでは衝動が外に向かってはきだされるだけで終わってしまう。そこからは他者との関わりや社会への参与は生まれない。それが可能であるためには、パトスは「イデー」（理念的なもの）と結びつかなければならない。言いかえれば、ロゴスと結びつかなければならない。しかし、パトスはまったく性質を異にするロゴスとどのように結びつくのか。そのような観点から三木が注目したのが「構想力」（Einbildungskraft）であった。

カント（Immanuel Kant, 1724-1804）が『純粋理性批判』において、人間の二つの大きな認識の能力である感性と悟性とを結びつける第三の能力として「構想力」を考えたのをヒントに、三木はパトスとロゴスを結びつける能力として「構想力」を考えたのである。「構想力」ということばの原意は、「像（Bild）を作りだす力」である。三木はその意味を踏まえ、ロゴス的なものと結合することによって、パトスを形あるもの、つまり「像」に「転化」する力として「構想力」を考えたのである。人間の行為がまさに人間の行為であるのは、それがパトスをただ単に外に向かって押し出すのではなく、構想力によってそこに別の秩序を与えるからであるというのが三木の理解であった。そのことによって、パトスは外に表現されるだけでなく、また「強化され、永続化され」るとも述べている。

おそらくこのような「構想力」によるパトスとロゴスとの結合は、「哲学的人間学」の枠組みのなかでは十分に論じることができないと考え、三木は『哲学的人間学』の出版を断念したのであろう。それに代わって構想されたのが「構想力の論理」であった。

フィクションのリアリティ

三木が「構想力」による「像」の形成として具体的に考えていたのは、『構想力の論理』の第一章で論じられている「神話」であり、第二章で取りあげられている「制度」、第三章で取りあげられている「技術」であった。

この「構想力」によって作りだされる「像」は自然に存在するものではなく、人為的に作りだされたもの、擬制（フィクション）である。しかしそれは単なる虚構ではなく、力をもつ。そのことを三木は、「制度は或る法的な、ノモス的な性質を担っている」（八・一〇三）と言い表している。つまり制度は規範的な性質を具えている。そこに秩序が形成される。本能のままであったときには形成されなかった秩序がそこに作りだされるのである。そして私たちはこの秩序のなかでしか――たとえば学校制度が整った社会では、その制度に従って学業を修め、修了の資格を得なければ、将来の道が開かれていかないように――生きていくことができない。構想力とはまさに私たちの生のままの事実をフィクションで置き換える役割を果たすものであると言うことができる。

私たちは以上で見た三木の身体についての理解、そしてそのパトス論や「構想力」論、さらには「構想力」によって生みだされた形あるものはなまの事実ではなく、擬制であるが、しかしこのフィクションのなかにこそリアリティがあるという主張のなかに、現代から見てもきわめて新鮮な思索の躍動を見てとることができるであろう。

市川浩の「身体」論

戦前には「身体」の問題に着目した人は、三木清などを除けば少数にとどまったが、戦後は「身体」をめぐってさまざまな議論が交わされた。それをリードしたのは、ベルクソンの研究で知られる市川浩や、ユング心理学に造詣の深かった湯浅泰雄らであった。彼らはベルクソンやメルロ゠ポンティなどの身体論を踏まえつつ、精神と身体との関わりをめぐって、あるいは東洋独自の身体理解をめぐって考察を行った。

市川浩の身体論は、一九七五年に刊行された『精神としての身体』や一九八四年に発表された『〈身〉の構造』などを通して知ることができる。前者に「精神としての身体」という一見矛盾をはらんだ表題が付けられた背景には、私たちが実際に営んでいる生は、決して「精神」ということばによっても、あるいは「身体」ということばによっても表現できないという市川の理解があった。私たちは普通、「精神」と「身体」という、明確に区別される固定的な領域があると考えているが、それは先入見にすぎず、私たちの具体的な生は「精神とも身体ともつかない独特の構造」をもっている。この精神であるとともに身体でもある独特の構造こそ根本のものであり、精神とか身体というのは、その構造を抽象化したときに浮かび上がってくる一つの局面、あるいは極限概念にすぎないと市川は言う。

「主体としての身体」と「客体としての身体」

この独特の構造をもった「精神としての身体」を市川はまず、「主体としての身体」として理解する。それは、見られた、あるいは対象化された身体ではなく、私たちが内面からそれを生き、直接にそれを意識している身体である。たとえば絹の着物に触れ、その独特の風合いを感じとっている私の指先のことである。

この「主体としての身体」は私たちの「行動の基体」になっているが、私たちはそれをそれ自体として客観的に把握しているわけではない。私たちの行為とともにある身体であり、私たちはそれを言わば内側から感じとっているにすぎない。そのような「主体としての身体」のあり方を市川は、「われわれは身体をもつのではなく、身体である」[*2]と言い表している。

他方で身体は、私たちに「客体としての身体」としても意識される。つまり私たちは私たちの身体を外側から一つの形あるものとして観察することができる。身体は主体として生きられるとともに、外から一つの対象としてもとらえられるのである。

しかし、この外からとらえられる「客体としての身体」は、科学が取り扱う身体と同じではない。科学が取り扱う身体からはすべての「意味」が除き去られているが、「客体としての身体」は単なる観察の対象としての身体ではなく、現にこの世界で生きている私が具体的な生のなかで出会う私の身体である。

「主体としての身体」については、その主体である「私」と身体とを切り分けることができなかったが、「客体としての身体」に関しては、明確な形をもった身体と、それを眺め、それに触れる「私」とのあいだに区別・分離が生じる。「私」はこの「客体としての身体」を所有する。ここでは私たちは身体であるよりも、むしろ「身体をもつ」。

「錯綜体としての身体」

以上の「主体としての身体」と「客体としての身体」に加えて、市川は「錯綜体としての身体」を問題にしている。私たちが生きている具体的な現実は、決して意識されるもの、意識のレベルで尽くされるものではない。むしろ、現実化はしなかったが、しかし現実化する可能性はあったし、現実化したものを背後から意味づけているようなものも、現実を構成する一つの要素となっていると考えられる。現実化した現実を「現実的統合」と呼ぶとすれば、それは「潜在的統合」と呼ばれうる。

身体もまた、顕在的な身体だけから成り立っているのではなく、その背後には、現実的統合としての身体によって覆い隠されてはいるが、しかしそれを支え、それに意味を与えている潜在的な身体があると考えられる。市川はポール・ヴァレリー(Paul Valéry, 1871-1945)

の Implexe という概念を踏まえて、それを「錯綜体」と呼んでいる。それは分析のかなたにあるが、しかし何らかの異常（たとえば手足を失った人がまだそれが存在しているかのように感じる幻影肢といった現象）を通してネガティヴにその存在を確かめることができる。現実的統合としての身体は、そうした背後に隠れた錯綜体としての身体の偶発的な顕現として考えられるのである。

〈身〉の構造

市川は私たちの生の「精神とも身体ともつかない独特の構造」をこのように明らかにしていくのであるが、その具体的な構造を表現したものとして〈身《み》〉ということばに注目している。それについて詳しく論じたのが『〈身〉の構造――身体論を超えて』（一九八四年）である。

〈身〉ということばはきわめて多義的であり、さまざまな意味で使われる。生命のない肉も生命ある肉体も意味するが、それだけでなく生命そのものをも意味するし、社会のなかで具体的な生活を営んでいる者あるいはその営みをも意味する。それは人間の生命や精神の活動を捨象した「体」とは異なり、それらをも包みこむ人間存在全体を指すことばとして使われる。そのように「われわれが具体的に生きている身体のダイナミックス」[*3]をうまく表現し、精神－物体（身体）という二項図式的な理解の枠組みを超えでる可能性を示すものとして市川はこの〈身〉ということばに注目したのである。

共通感覚

私たちは視覚は視覚、聴覚は聴覚、嗅覚は嗅覚というように、それぞれ独立した感覚であると考えるが、古代ギリシアのアリストテレスはそれらの基層に、共通の感覚能力、つまり「共通感覚（コイネ・アイステーシス）」があると考えた。それによって私たちは砂糖の「白さ」と「甘さ」とを別の感覚として感じ分けることができるし、感覚作用そのものを感じとることもできると考えたのである。

このアリストテレスの「共通感覚」には、戦前にも中井正一《まさかず》や西田幾多郎、西谷啓治らが関心を寄せていたが、戦後とくにそれに注目した人に中村雄二郎がいる。

中村はアリストテレスの「共通感覚」についての理解を踏まえながら、『共通感覚論――知の組みかえのために』（一九七九年）などにおいて独自の思索を展開した。そこには、「知の組みかえのために」という副題が示すように、「理性と論理」によって支えられていた従来の知を「共通感覚と言語」によって組みかえようという意図が込められていた（中村の言語についての理解に関しては次の節を参照）。

中村雄二郎の「共通感覚」論

中村が「共通感覚」をその思索の軸に据えるに至った一つのきっかけは、木村敏の、さらには木村と交流のあったドイツの精神病理学者ブランケンブルク（Wolfgang Blankenburg, 1928-2002）の精神病理学の立場からの「共通感覚」への注目であった。木村は一九七六年に発表した「離人症」と題した論文において、離人症の患者にとって「世界」が単なる「感官刺激の束」として、言いかえれば「感覚表面に突きささってくるカオス」として受けとられる原因を、人間と世界との根源的な通路づけを可能にする統合的な感受能力である「共通感覚」が十全に機能していないことに求めた。[*4]

感覚や感情、知性といった、世界に対する人間の関与の仕方、さまざまなはたらきの根底に、言わばそれらを統合する感受能力が機能しているという木村の発想を踏まえて、中村もまた「共通感覚」に注目したのである。それは、近代における感覚の理解、つまり視覚を他のすべての感覚を統合するものとして位置づける感覚理解の見なおしにもつながっている。

このような近代において支配的であった視覚中心の感覚理解に対して、中村は諸感覚のもっとも基礎的な統合を、むしろ「体性感覚」的な統合としてとらえている。体性感覚とは触覚や痛覚などの皮膚感覚と、筋肉の動きなどを感知する深部感覚とを指すが、そのような感覚こそが他の諸感覚を統合し、活動する身体を支えるとともに、他の人間や自然との関わりを可能にする「地平」を切り開くと中村は考えたのである。*5

それとともに中村は——ここでは詳しく論じる余裕がないが——「共通感覚」を、「身体を基礎として身体的なもの、感覚的なもの、イメージ的なものを含みつつ、それをことば＝理《ことわり》のうちに統合する」*6ものとしてとらえることによって、従来の言語理解の見なおしをも試みている。中村の「共通感覚」論は、分析的な理性の論理を、そこにおいて排除されたイメージ的、身体的なものを回復した言語によって乗りこえようとする試みでもあったと言うことができる。

湯浅泰雄の身体論

西洋的な、あるいは近代的な知においては、言うまでもなく、客観的な知、つまり厳密な観察に基づき、言語によって明確に表現される知が重視されてきた。科学技術は、そのような知を重視するものの見方の上に築かれた。それに対して東洋の知の伝統のなかでは、むしろ非言語的、非対象的な知が問題にされてきた。そのような観点から湯浅泰雄は、東洋の知に、とりわけその身体論に注目した。

湯浅の代表的な著作の一つである『身体——東洋的身心論の試み』(一九七七年)によれ

ば、身体、そして身心の関係は二重の構造をもつ。一方には、大脳皮質を中枢とするいわゆる感覚―運動回路と、それと機能的に結びついた外界知覚と運動感覚、そして思考作用からなる「意識」の領域がある。それに対して他方には、自律神経系に支配される内臓諸器官と、それに機能的に結びついている情動および内臓感覚がある。湯浅は前者を「身心関係の表層的構造」と呼び、後者を「身心関係の基底的構造」と呼んでいる。[*7] 基底的構造の一部は、感情という形で、意識の領域に現れているが、しかしその大部分は「無意識」の領域に属している。それは通常はその姿を現さないが、たとえば夢や催眠状態において、あるいは神経症、精神病において顕在化することがある（市川浩の言う「錯綜体」と同じものが考えられているといってよいであろう）。このような理解を前提にした上で、湯浅は西洋の身心論がたいていの場合「表層的構造」にのみ目を向け、「基底的構造」に対して十分な注意を払わなかったのに対し、東洋の身心論では、むしろ「基底的構造」の方に重点が置かれてきたと主張する。東洋の身体論ないし身心関係論について論じるためには、この身心関係の二重構造、とくにその「基底的構造」に注目する必要があるというのである。

東洋的身体

たとえば東洋の伝統的な宗教においては修行の一つの方法として「瞑想」が重視される。

私たちの通常の生活のなかでは大脳皮質およびその機能と結びついた意識活動（身心関係の表層レベルでのはたらき）が中心的な役割を果たしているが、瞑想はそのはたらきをむしろ低下させ、逆に、基層にある身心のはたらきを活発化させようとするものだと考えられる。そのことによって、無意識領域に沈んでいる根本的な情念や情動を表面化させ、解放し、解消すること、そして自己の身心をコントロールすることがめざされている。湯浅によれば、それは、心理療法などでセラピストが用いる治療法にも通じるところがあるが、しかしそれと同じではない。治療では病気の状態から健康状態への復帰がめざされるが、それに対して瞑想においては、情動や情念に動かされる日常のあり方を離れて、その彼方にある本来的自己（仏教であれば「三昧《さんまい》」（samadhi）ということばで表現されるあり方）へと至ることがめざされる。

湯浅は、東洋思想と西洋の哲学とを比較したときに、前者に見いだされる特質をまさにこの瞑想を含む「修行」のなかに見いだしている。つまり東洋思想の独特の性格は、知を、単に対象の分析から理論的に知られるものとしてではなく、自己の身心全体による「体得」ないし「体認」を通して把握されるものとしてとらえる点にあると考える。そのような観点から湯浅は「修行」を、「自己の身心の全体によって真の知を体得しようとする実践的試み」[*8]と定義している。

西洋の哲学においてはたいていの場合、身体や欲望、感情などは知から排除されてきたが、東洋の伝統思想の根底には、事柄の真相は知だけでとらえることはできず、むしろ身心全体によってはじめて把握されるという考え方があった。しかも、そのことを単に知るだけでなく、実際に「修行」を通して自分自身のものにすることがめざされてきたと言ってよいであろう。そこに東洋思想の大きな特徴を見いだすことができる。

＊1　三木の著作に関しては、『三木清全集』（岩波書店、一九六六―一九六八年）から引用し、本文中にその巻数と頁数とを記した（以下も同様）。
＊2　市川浩『精神としての身体』（勁草書房、一九七五年）八頁。
＊3　市川浩『〈身〉の構造――身体論を超えて』（青土社、一九八四年）三七頁。
＊4　この「離人症」は「離人症の精神病理」と題を改めて『自己・あいだ・時間――現象学的精神病理学』（弘文堂、一九八一年）に収められた。同書一〇六頁参照。木村の「離人症」に関する分析については第5講を参照。
＊5　中村雄二郎『共通感覚論――知の組みかえのために』（岩波書店、一九七九年）一三一、一八四頁参照。
＊6　同書一九九頁。
＊7　湯浅泰雄『身体――東洋的身心論の試み』（創文社、一九七七年）二五一頁参照。
＊8　同書一六頁。

第7講　社会・国家・歴史

日本の哲学の歴史のなかでは、すでに見たように、西田幾多郎や、西田のあと京大の哲学講座を引きついだ田辺元、さらに彼らに学んだ三木清や西谷啓治らが大きな役割を演じた。彼らはしばしば京都学派ということばで呼ばれる。その思想上の一つの特色として、彼らの多くが「無」について語ったことが挙げられる。西田はあらゆる存在の根底に「絶対無」を考えたし、田辺も「絶対無」や「無即愛」について語っている。[*1] しかしそれは、彼らが現実に目を向けなかったということではまったくない。京都学派の特徴の一つとして、現実の社会や国家、歴史への関心を挙げることができる。

その点で大きな役割を果たしたのは、三木清や戸坂潤ら、西田や田辺から教えを受けた若い研究者たちであった。彼らは、哲学は実践を離れた単なる観想であってはならず、生活に根ざし、実践に結びついたものでなければならないと考え、マルクス主義の思想に共感を示していった。そして観念的な思索に傾きがちな西田や田辺の哲学を批判した。それを承けて彼らもまた現実の社会のなかにあるさまざまな問題について論じるようになっていった。西田や田辺、そして彼らの弟子たちが、そうした関心に基づいて、社会や国家、歴史について何を、またどのように論じたのかを本講で見てみたい。

マルクスの哲学的な著作の刊行

講談社売上カード

*当カードの書名・著者名は製品本体と字体が異なる場合がございます

※このカードは貴店での売上管理資料としてご活用ください。
ご送付の必要はございません。

書名	日本哲学入門		
本体 1000円	C0	N534840-6 991234-7E	

一九一七年のロシア革命、そして一九二二年のソ連邦の成立は世界歴史のなかで大きな意味をもつ出来事であったが、それと並行してマルクス主義の思想もまた多くの人々の注目を集めた。日本でも『貧乏物語』（一九一七年）などを通して社会問題に深い関心を寄せていた河上肇が次第にマルクス主義に接近し、個人雑誌『社会問題研究』（弘文堂書房、一九一九―一九三〇年）を刊行してその研究と普及に努めたりした。

一八八三年のマルクス（Karl Marx, 1818-1883）の死以後、マルクス主義の哲学が語られるときに典拠とされてきたのは、多くの場合『反デューリング論』（一八七八年）や『フォイエルバッハ論』（一八八八年）などエンゲルス（Friedrich Engels, 1820-1895）の著作であった。マルクス自身の哲学的な著作が遺稿のなかから公にされたのは、ちょうど一九二〇年代から三〇年代にかけての時期であった。エンゲルスとの共著『ドイツ・イデオロギー』の第一巻第一章「フォイエルバッハ」が刊行されたのは一九二六年であり、『経済学・哲学草稿』がはじめて公にされたのは一九三二年のことであった。マルクス自身の思想を示すものとして、その公開は大きな注目を集めた。

三木清と戸坂潤

日本においてマルクス主義の哲学への関心が高まりを見せたのも、ちょうどこの時期においてであった。その中心にいたのが三木清であった。[*2] 三木はヨーロッパ留学から帰国したのち、第三高等学校の講師を務めるかたわら、経済学部教授であった河上肇を中心として開かれていた研究会（マルクスの『経済学批判』などをテクストにしたので「経済学批判会」と呼ばれた）に参加したりしたが、この頃からフォイエルバッハの思想や唯物史観の研究に着手したと考えられる。三木は一九二七年に法政大学教授に就任し東京に移ったが、それ以後、矢継ぎ早にその研究の成果を、「人間学のマルクス的形態」や「マルクス主義と唯物論」、「プラグマチズムとマルキシズムの哲学」などの論文を通して発表し、論壇の寵児になっていった。

三木のこのようなマルクス主義の哲学的な基礎づけの試みは、彼の周りにいた人々に大きな影響を及ぼした。その影響をもっとも強く受けた一人が戸坂潤であった。京都時代にすでに唯物論の研究を始めていたが、三木清が一九三〇年に当時非合法化されていた日本共産党への資金援助容疑で検挙され、法政大学教授の職を辞した翌年に法政大学の講師となり、活動の場を東京に移した。そこで岡邦雄や三枝博音《さいぐさひろと》らと唯物論研究会を組織し、『唯物論研究』を発刊して、わが国における唯物論研究を中心的に担い、同時に多彩な評論活動を展開していった。

西田幾多郎の短歌「夜ふけまで又マルクスを論じたり……」

三木や戸坂らのマルクス主義への注目は、師であった西田や田辺にも影響を及ぼさずにはいなかった。

一九二九年頃から、京大で行われていた哲学茶話会（京都哲学会の催しとして行われていた）や、西田、田辺の自宅で行われた面会日には、マルクス主義の問題をめぐってさかんに、そして激しい議論がなされたということが知られている。西田がその頃に作った歌に次のようなものがある。

夜ふけまで又マルクスを論じたりマルクスゆゑにい〔寝〕ねがてにする

これはいま言った面会日のことを詠んだものであろう。

田辺もまた同様で、田辺のもとで学んだ久野収《くのおさむ》が、一九四五年に獄死した戸坂を偲ぶ文章のなかで、次のような思い出を記している。「今筆者の記憶に生々しくよみがえってくるのは、田辺博士の面会日に於ける博士と戸坂さんとの対談ぶりである。毎週行われた田辺博士の面会日に於ける真剣な討論を今筆者は感謝の念をもって想起せざるを得ない。この日は特に猛烈であった。第三者の介入を殆《ほと》んど許さないほどの一騎打ちという感じであった。博士と正面に向い合って、どっかりと坐りこんだ戸坂さんは、眼や顔色には本当の親しみをあらわしながらも、猛烈な言葉で田辺博士を批判されるのに対し、博士の方でも蒼白な顔をこわばらせながら反駁を加えられる。それは他人が口を出すすきが到底見出されないほどの激しさであった*3」。

昭和前期の思想状況

三木清や戸坂潤ら、若い研究者たちがマルクス主義の思想に共感を示したこと、そして西田や田辺らもまたその影響を受けて現実社会の諸問題に関心を寄せるようになっていったことには、当時の時代状況が深く関わっている。

大正の末から昭和の初めにかけて憲政擁護運動が活発になり、普通選挙法が成立して、いわゆる無産階級が大きな政治勢力となり、社会運動が活発化していった。それとともに社会主義の思想が人々をひきつけ、プロレタリア文学運動なども大きな高まりを見せていたが、一九三一年に勃発した満州事変前後から、そうした運動が弾圧を受けるようになっていった。その圧力は自由主義的な学問にも及び、一九三三年には京都大学の滝川幸辰《ゆきとき》が職を追われ（いわゆる滝川事件）、一九三五年には美濃部達吉の天皇機関説が攻撃された。一九三七年にはいわゆる盧溝橋《ろこうきょう》事件を機に日中が全面的な戦争へと突入し、国内では、東京大学の矢内原忠雄がこの中国侵略に批判的であったためにその職を追われ、マルクス主義に対して理解を示していた経済学者や社会運動家らが、人民戦線の結成を企てたとして一斉に検挙されたりした（人民戦線事件）。

このように学問の自由や個人の権利が国家の力によって押しつぶされていくのを目の当たりにして、西田や田辺も現実の社会や歴史、さらに行為の問題を論じる必要性を強く意識するようになっていったのである。哲学もまた現実の社会と深い関わりをもった営みであることがここからも見てとれる。

田辺元の現実への関心

西田と田辺を比較したとき、田辺の方がより早く現実社会の問題に興味を抱くようになっていった。それは、すでに定年退職していた西田よりも、田辺の方に、よりひんぱんに学生たちと議論する機会があったからではないかと推測される。

田辺はもともと新カント学派の哲学や科学哲学の研究から出発したが、一九二二年から翌年にかけてのドイツ留学をきっかけに、当時ドイツで力をもつようになっていた「生の哲学」や、直接講義を聴く機会をもったハイデガーの哲学などに関心を寄せるようになっていた。しかし一九二七年頃からヘーゲルの哲学、および弁証法——ヘーゲルは現実世界における諸事物の発展・運動を貫く論理を弁証法ということばで言い表した――の問題と取り組みはじめた。その転換の背景にあったのは、いま述べた当時の社会の、そして思想をめぐる状況であった。

一九二四年に出版した『カントの目的論』の「再刊序文」のなかで田辺は当時の状況を、「マルクシストの理論闘争が学界を動揺せしめ、およそ思想学問にたずさわるもの、何人といえども多かれ少なかれ、その刺激を受けざるはなかった」*4とふり返っている。若い学生たちが唯物弁証法を「万能の論理」の如くに信じはじめたことに対して、「論理に携わる教師」として座視できなかったことが弁証法の研究に向かったきっかけとなったと田辺は述べている。

最初は、新カント学派の純粋論理の立場から、ヘーゲルの言う弁証法が論理を超えたもの――田辺はそれをいっさいのものをそれ自身のうちに包む「絶対的全体者」と言い表している――を前提とし、そこから個々の存在を説明しようとしていること、言いかえれば哲学として守るべき限界を超えでていることを田辺は明らかにしようと試みた。しかしやがて現実の社会や歴史、さらに行為の問題を論じる重要性を意識するようになり、またそうした問題を論じる上で、弁証法が力をもつことを認識するようになっていったのである。

田辺の弁証法研究

一九二七年から一九三一年に書かれた論文七編を収めた『ヘーゲル哲学と弁証法』(一九三二年)のなかで最初に執筆されたのは「弁証法の論理」であったが、その次の「行為と歴史、及び弁証法のこれに対する関係」(一九二九年)の頃から田辺はマルクス主義に対する積極的な評価をはじめた。

この転換に直接的な機縁を与えたのは、三木清や本多謙三、戸坂潤らの田辺の弁証法研究——論文「弁証法の論理」における研究——に向けられた批判であった。そのことを田辺は『ヘーゲル哲学と弁証法』の「序」のなかで次のように記している。「私は是〔三木らとの議論〕に由って、弁証法を最初から論理という観点に於て観ることの非を教えられ、運動、行為、実践、存在、の分析という立場から之を考えなければならぬことを悟らしめられた」(三・七八)。

実際、たとえば一九三一年に発表された「ヘーゲル哲学と絶対弁証法」のなかで田辺は、哲学とは「弁証法的自覚」であり、そのようなものとして哲学は「実践を離れ現実生活から遊離した観想」ではありえず、「実践に即し生活に根ざす反省」(三・一六六)でなければならないことを強調している。そして「弁証法」は田辺自身の哲学的な立場を表現する言葉にもなった——ヘーゲルやマルクスに対する批判の意味を込めて、しばしば「絶対弁証法」と表現された──。

田辺と滝川事件

このように田辺は弁証法を具体的な行為や実践との関わりで理解する必要があることに気づいたと言うのであるが、しかし、やはりなお理論的なレベルで行為や実践の問題を考えていたのではないだろうか。田辺に、それを現実の社会の問題と結びつけて理解するように仕向けたのは、先ほど触れた、田辺の眼前で起こった滝川事件ではなかったかと思われる。

滝川事件は、京都大学法学部の滝川幸辰の『刑法講義』や『刑法読本』が、そのなかの内乱罪や姦通罪に関する見解を口実に発禁とされ、時の文部大臣鳩山一郎が小西重直京大総長に滝川の罷免を要求した事件である。この事件の際、よく知られているように法学部の教授が全員辞表を出して抵抗したが、それだけでなく、学生たちも教授たちの抗議活動を支持した。その中心にいたのが、文学部の久野収や中井正一らであった。

この事件が田辺にとって大きな意味をもったことを、歴史学者の家永三郎は『田辺元の思想史的研究』（一九七四年）のなかで、学生の立場でこの事件に関わった久野収から直接聞いた話をもとに、「十五年戦争開始以後の急速に進行するファッシズムの動向に、田辺が初めて直面せざるを得なかったのは、一九三三(昭和八)年の滝川事件ではなかったかと思われる」[*5]と記している。

「種の論理」の構想へ

田辺は一九三三年、この事件の翌年から「種の論理」に関する諸論文を発表しはじめるが、この「種の論理」の構想もそのような状況の大きな変化と深く関わっている(この点に関しては次の節を参照)。

田辺が「種の論理」を構想した背景としてもう一つ考えられるのは西田幾多郎の哲学であった。西田もまた後期の思想のなかで現実の社会に強い関心を示したが、そこで問題にされたのは個と全体という二つのものの関わりであった。そこでは個が成立する基盤である氏族や民族、さらには民族国家といった「直接的種的統一」、つまり「種」が問題にされていなかった。そのために西田の現実社会についての理解は抽象的なものにとどまっていると田辺は考えたのである。田辺は西田と異なり、個人(個)と社会(種)のあいだの対立・相克から出発し、あるべき社会の形、あるべき国家の形――これが個・種・類の「類」にあたる――を模索した。それが「種の論理」と名づけられた社会存在論であり、国家論であった。

「種の論理」を提起した動機

田辺が「種の論理」について語りはじめたのは、一九三四年から翌年にかけて発表された「社会存在の論理」という論文においてであった。それ以後、「種の論理に対する批評に答う」（一九三七年）、「種の論理の意味を明《あきらか》にす」（一九三七年）、「国家的存在の論理」（一九三九年）など、「種の論理」をめぐる論考を矢継ぎ早に発表していった。また戦後に、あらためて「種の論理」の問題について論じた『種の論理の弁証法』（一九四七年）が発表されている。これらが一般に「種の論理」と総称される論考群である。

田辺は「種の論理に対する批評に答う」——高橋里美と務台理作の「種の論理」に対する批判に答えた論文である——のなかで、「種の論理」を提起するに至った直接的な動機について語っている。具体的には、それを考えるに至った「最初の動機は、国家の個人に対する強制力の由来を尋ね、その強制の合理的根拠を探るということであった」（六・三九九）と記している。つまり「種の論理」は「国家の個人に対する強制力」という問題と深く関わっていたのである。また同じ年に書かれた「種の論理の意味を明にす」という論文においては、「種の論理」というものを考えた目的が、「国内における強力なる、国家統制に直面して、それに処する合理的原理を求めるにあった」（六・四五四＝文庫Ⅰ三四六）と記している。

そのような「国家の個人に対する強制力」あるいは「国家統制」というものを田辺は、

滝川事件を通して具体的に、そして強烈に意識するようになったのではないだろうか。それが田辺に「種の論理」を構想させたのである。

「種の論理」と「絶対媒介の弁証法」

田辺の思想の形成の跡を初期からたどったとき、「種の論理」は、それまでの思索を踏まえてというよりも、むしろ唐突に出現したように見える。なぜ「種」について考えるようになったのか、そこにどのような意図を込めたのか。そうした問題を考える上で手がかりになるのは、いま述べた時代の大きな変化である。しかし、それだけでなく、「種の論理」の成立は——表面的には突然成立したように見えるにもかかわらず——田辺自身のそれまでの思想の展開とも深く関わっている。

「種の論理」の時期の田辺の思索をそれ独自のものとしている固有の原理は何か、という問いを立てるならば、おそらくそれに対して、「絶対媒介の弁証法」こそそれであると答えることができるであろう。つまり、絶対的なものを前提し、そこからすべてのものを根拠づけていくのではなく（そのように田辺が語るとき、すべてのものを「絶対無」から説明する西田幾多郎の哲学に対する批判が意識されていた）、すべてのもの——言いかえれば個と種と類と——は相互に関連しあいながら成立している、つまり「媒介」されているという立場に立つ弁証法を田辺は考えた。

もちろん、田辺はこの時期にはじめて自らの立場を「弁証法」ということばを使って言い表したのではない。先に述べたように、田辺は『ヘーゲル哲学と弁証法』やその次に発表した『哲学通論』などにおいてもヘーゲルやマルクスの立場を批判しながら、自らの立場を「弁証法」——具体的には「絶対弁証法」——と言い表していた。しかしそこではまだ、ヘーゲルとマルクスの弁証法を否定し、それを逆転する形で「絶対弁証法」が語られていた。「田辺哲学」と呼ばれるだけの独自の意味内容がそこでは十分に与えられていなかった。

類と種と個

そこに「種」というものが媒介の中心として位置づけられ、しかもその「種」がただ単に類・種・個という論理的な概念の一つとしてではなく、具体的な意味をもつものとして（つまり、先に述べた、個々の人間がそのなかで生まれ、自己を実現していく基盤である民族や民族、さらには民族国家などの「種的統一」ないし「種的基体」として）理解されるに至って、はじめて田辺独自の哲学——「田辺哲学」——が構築されていったと言うことができる。

もう少し具体的に言えば、『哲学通論』などの段階で考えられていた「絶対弁証法」においては、全体と個体、あるいは絶対と個の自由で自発的な行為という二つのものを軸に考察がなされていた。それに対して、「種の論理」の時期になると、個と全体の中間に「種」(民族や国家)が位置づけられ、それらが相互に「媒介」しあっていると考えられるようになったのである。そこにまさに「種の論理」以前と「種の論理」以後とを分けるものがあると言える。「絶対弁証法」は「絶対媒介の弁証法」へと変貌を遂げたのである。

なぜ「種」なのか

それではなぜ田辺は全体と個だけでなく、その中間に「種」というものを考えるようになったのであろうか。なぜ「種の論理」を考えるようになったのであろうか。それは——すでに触れた——田辺が「種の論理」を提起した動機に関わると言ってよいであろう。

現実社会の大きな変化を目の当たりにして、田辺は「国家の個人に対する強制力」が現実の社会を理解するための大きな鍵になることに気づいたのである。そしてその強制力の由来を探るために田辺が「社会存在の論理」などの論文においてとくに手がかりにしたのがアンリ・ベルクソンの『道徳と宗教の二つの源泉』(一九三二年)における「閉じた社会」と「開いた社会」をめぐる議論、さらにレヴィ＝ブリュル(Lucien Lévy-Bruhl, 1857-1939)らの人類学の成果、とくに彼の『未開社会の思惟』(一九一〇年)におけるトーテム社会をめぐる研究の成果であった。

「分有」と「分立」

田辺は国家が有する個人に対する強制力の根源的な形を、トーテム社会に見られる、すべての個を全体へと融合させようとする統制力のなかに見ようとした。レヴィ＝ブリュルの表現を使えば、トーテム社会では、個を全体に融合統一しようとする「分有の法則」(loi de participation) が働く。それに対して、その成員である個は、この一体化の力に対抗し、独立自主性を主張する。「分有」ではなく、「分立」をめざす。分立し、全体に対抗しようとする個の自由意志を田辺はニーチェの言葉を借りて「権力意志」とも言い表している。

それに対して種的な社会は、このような全体から離れ、その統合力を簒奪《さんだつ》しようとする個に対して、それを抑圧し、否定しようとする。田辺はおそらくそれに、彼自身が置かれていた状況、つまり学問の自由や個人の権利が国家の力によって押しつぶされていく状況を重ねて見ていた。この二つの力の対立抗争はいかにして克服されるのか、それを探るところから田辺の「種の論理」が生まれてきたと言うことができる。種の抑圧的で閉鎖的な統合を「無限全体的なる人類社会の絶対的開放性」(六・六九＝文庫Ⅰ三六) へ、つまり開かれた人類全体の立場(類)へともたらすことを田辺は自らの課題としたのである。

「人類的国家」の実現

この「人類社会の絶対的開放性」の実現は、田辺によれば、権力意志である個の否定を通してはじめて実現される。個がどこまでも「分立」を主張し、種を否定しようとするかぎり、種との対立抗争を免れることはない。さらに種を実際に否定すれば、個は個自身が成立する基盤を失う。そこで個は自由に、自らの意志に基づいて自己自身を否定する。この個の自己否定が同時に種の自己否定を生む。つまり個を個としては否定し、全体へと融合させようとする試みを放棄する。

しかしこの個と種との自己否定は単なる否定ではなく、同時に肯定でもあると田辺は言う。権力意志としての自己を否定した個は、「真の個人」として、「人類の成員」として生まれかわる。それと同様に、種も基体としての種であることをやめることによって類へと変化を遂げる。そこに「類化せられた種」が成立する。そこに成立するのが「無限全体的なる人類社会」にほかならない。それを田辺は「人類的国家」ということばで呼んでいる。

民族的国家と人類的国家の区別

もちろんこの「人類的国家」は、種と無関係に成立するのではなく、その直接的な統一を媒介として、つまりそれが基体となって成立する。この基体としての種が、個の否定を通して、類へと変化を遂げるのである。

このように類は種を媒介として成立するのであるが、種は類に直接的に移行するのではない。類はあくまで種の直接性の否定を通して実現されるのであり、両者は明確に区別されなければならない。両者が「段階を異にし」たものであることを田辺はとくに強調している。種はその非合理性を捨て去ることによって、はじめて類へと媒介されるのである。

まとめて言えば、田辺が「種の論理」を通して問題にしようとしたのは、氏族や民族といった「種」的な基盤の上に成立し、個を力によって全体へと統合していこうとする国家の非合理性であった。「種の論理」は、この非合理性を個の自由な行為を通して類的普遍性へと否定的に媒介し、民族的な国家を「人類的国家」へと転換することをめざす歴史哲学であり、国家哲学であったと言うことができる。

国家の問題

このようにして、「種の論理」は一応まとまった形を取るにいたったのであるが、時代の流れは田辺に対して「国家」の問題をめぐってさらに思索を加えることを迫った。その結果書かれたのが一九三九年に発表された「国家的存在の論理」であった。

田辺は「社会存在の論理」や「種の論理の意味を明にす」においても国家の問題に触れ

ている。「種の論理」は、いまも述べたように、個の自己否定を通して種が類化されることを、言いかえれば、人類的普遍性を獲得した国家が形成されることをめざすものであった。

田辺は「国家的存在の論理」においても、このような考え方を踏まえて、直接的な種的基体——民族国家——の絶対化に強く反対している。そのような立場は「世界歴史の下す世界審判により破滅を宣せられる」(七・三六—三七)というように、きわめて厳しいことばでそれに反対している。さらに、「全体主義の実力的侵略戦争謳歌《おうか》がそのまま承認せられ難い」(七・九二)ものであることをも明瞭に指摘している。言論の自由が奪われつつあった当時の時代状況のなかでは、考えられないほど踏み込んだ発言であったと言ってよい。

現実の国家と「人類的国家」との区別があいまいに

しかしそれと同時に、私たちは、現実に存在する国家、「直接態」としての国家と、「類化された種」としての国家との区別が、この論文においてはあいまいになっている点を指摘しなければならない。たとえば国家は「社会の存在と歴史の生成とが人間の行為に媒介」されることによって成立する「最も具体的なる存在」であると言われるとき(七・三七)、両者が一体のものとして理解されていたという印象が残る。

田辺が現実に存在する国家の絶対化を決して容認していなかったことは先の引用からも

明らかである。しかし、一九三七年の日中戦争以降の時局の大きな変化のなかで、田辺の国家主義や侵略戦争に対する批判の鋭さが背後に退いた感があることもまた認めざるをえない。

しかし、困難な状況のなかで現実の国家をそのまま肯定するのではなく、そのあるべき姿、あるべき方向を指し示そうとした田辺の真剣な思索は、哲学者だけでなく政治学者の関心をも引いた。南原繁《なんばらしげる》も一九四二年に刊行された『国家と宗教——ヨーロッパ精神史の研究』のなかで、田辺の「種の論理」に立ち入って論じている。しかし南原もまた、「種の論理」が現実の国家の「神性」を根拠づけるものとして働く可能性をそこで指摘している。*6

座談会「世界史的立場と日本」と「近代の超克」

戦後すぐの時期、京都学派に属した人々は戦前とはまったく別の形で論壇に登場した。そのアジア・太平洋戦争への関わりが問題にされ、その間になされた彼らの発言の責任が問われたのである。

その議論のなかでとくに取りあげられたのは、一九四一年十一月から翌年十一月にかけて「世界史的立場と日本」、「東亜共栄圏の倫理性と歴史性」、「総力戦の哲学」という題で三回にわたって行われた座談会（最初『中央公論』に発表され、一九四三年三月にまとめて『世界史的立場と日本』という題のもとに出版された）であり、もう一つは一九四二年七月二十三、二十四日に開催された、雑誌『文学界』がその特集のために企画した座談会「近代の超克」であった。

前者は中央公論社の依頼により、西田の弟子である高坂正顕《こうさかまさあき》、西谷啓治、高山岩男と、京大で西洋史を担当していた鈴木成高《しげたか》の四名が行った座談会である。後者は河上徹太郎や亀井勝一郎、小林秀雄、中村光夫、林房雄など、『文学界』同人が中心になって開催された座談会であるが、そこに西谷啓治と下村寅太郎、さらに鈴木成高が招かれ、参加した（本来であれば『文学界』の同人でもあった三木清もこの座談会に参加していたと考えられるが、三木は一九四二年のはじめから陸軍に徴用され、宣伝班員としてフィリピンに赴いていたため、この座談会には出席していない）。

思想的カンパニアとしての役割を果たした座談会「近代の超克」

この二つの座談会をめぐって、戦後、厳しい批判の矢が向けられた。たとえば小田切秀雄は「「近代の超克」論について」と題した論考のなかで、とくに「近代の超克」の座談会を念頭に置いて次のように述べている。「太平洋戦争下に行われた「近代の超克」論議は、軍国主義支配体制の「総力戦」の有機的な一部分たる「思想戦」の一翼をなしつつ、近代的、民主々義的な思想体系や生活的諸要求やの絶滅のために行われた思想的カンパニアであった」[*7]。

司会を担当した河上徹太郎がこの座談会に付した「結語」のなかで、この座談会では「異様な混沌や決裂」が支配していたと記しているが、決してまとまった議論がなされたわけではなく、むしろ参加者がそれぞれ自説を展開するだけに終わった。放談会的な座談会であったと言ってもよい。しかし全体としてみたとき、それが小田切が指摘するような性格をもっていたことは確かであり、批判を免れることはできない。それは『世界史的立場と日本』の方にもあてはまる。

竹内好と座談会「近代の超克」

中国学者であった竹内好《よしみ》もこの「近代の超克」という座談会に強い関心を示した一人であった。『近代日本思想史講座』第七巻『近代化と伝統』(筑摩書房、一九五九年)に発表した「近代の超克」のなかで、竹内は「「近代の超克」は、事件としては過ぎ去っている。しかし思想としては過ぎ去っていない」と記している。この座談会においては、復古と維新、国粋と文明開化、東洋と西洋といった日本近代史のアポリアの解消こそが問題にされるはずであった。しかし実際にはそれは果たされなかった。それだけでなく、それを支配していた思想の荒廃状態がそのまま凍結されて現在に至っている。その状態を打ち破りたいという関心から竹内はあらためてこの座談会に目を向けたのである。

この論考のなかで竹内は、「近代の超克」ということばが当時一種の「マジナイ語」として「大東亜戦争」遂行のシンボルとなり、「暴威をふるった」ことを記すとともに、他方、不思議なほどに「思想的には無内容」であったとも述べている。

下村寅太郎の「近代」とその「超克」

しかし、この座談会における個々の発言を見ていけば、決してそれらがすべて無内容であったわけではない。たとえば下村寅太郎なども重要な問題提起をしている。

この座談会に参加した多くの論者が「近代」というものを、いわば他人から与えられた上着、しかも自分の意志で着たのではなく、他人の意志で着せられた上着であるかのようにみなし（したがってその責任は自分にはまったくないかのように考えて）、それを捨てて日本的なものへと復帰することを主張したのに対し、下村は「近代」が決して「他者」ではなく、「自己」であり、自分が立つ場所であることを主張している。単行本として出版された『近代の超克』（創元社、一九四三年）に収録された「近代の超克の方向」と題した論文のなかで下村は、「近代とは我々自身であり、近代の超克とは我々自身の超克である。何か他者を批評するが如くであるならば安易という外ない」[*8]と記している。

下村にとって、近代を超克するとは、その上に「悪しき時代」というレッテルを貼ってそこから目をそらすことではなく、「近代」の受容の結果を見つめ、その問題点を浮き彫りにし、進むべき方向を自分自身の問題として探っていくことであったと言ってよいであろう。

私たちは「近代」をどのように受け入れたのか、それはなお未成熟なままにとどまっているのではないか、私たちの「近代」はいまどのような問題をはらんでいるのか、未来に向かって歩を進めるために、いま私たちは何をしなければならないのか、これらの問題は決して過去の問題ではなく、いま私たちに突きつけられている焦眉の問題でもある。

＊1　この点に関しては拙著『西田幾多郎――生きることと哲学』九三頁以下、『日本哲学史』（昭和堂、二〇一八年）二二〇、三四一頁以下、三八五頁以下を参照されたい。

＊2　三木は一九二六年に刊行されたリャザーノフ版の『ドイツ・イデオロギー』を翻訳し、一九三〇年に岩波文庫の一冊として出版している。タイトルは『ドイッチェ・イデオロギー』であった。

＊3　久野収「戸坂さんの偉さ」、『回想の戸坂潤』（三一書房、一九四八年）二五二―二五三頁。

＊4　『田邊元全集』（筑摩書房、一九六三―一九六四年）第三巻九頁。本講ではこの全集からの引用については、引用文のあとに直接巻数と頁数とを記した。なお『田辺元哲学選』I～IV（岩波文庫、二〇一〇年）に収録されている文献については、その巻数と頁数もあわせて記した。

＊5　家永三郎『田辺元の思想史的研究』（法政大学出版局、一九七四年）四七頁。

＊6　南原繁『国家と宗教――ヨーロッパ精神史の研究』（岩波書店、一九四二年）三〇〇頁。

＊7　小田切秀雄「「近代の超克」論について」、『文学』第二六巻四号（一九五八年四月）。

＊8　下村寅太郎「近代の超克の方向」、河上徹太郎ほか『近代の超克』（冨山房百科文庫、一九七九年）一一三頁。

第8講　自然

「自然」ということばを聞いて、皆さんは何を思い浮かべるだろうか。山や川、草や木の花や実、それに集まってくる昆虫や鳥を思い浮かべる人も多いであろう。私たちはそれらに取り囲まれて生きている。自然は私たちにとって親しい存在である。

しかし、いま、その自然が脅威にさらされている。過剰な開発によって破壊されたり、有害な物質を含む大量の廃棄物によって環境が汚染されたりしている。あるいは温室効果ガスの排出により地球温暖化が進行して、異常気象が増加したり、生態系に大きな影響が生じたりしている。

そのような状況のなかであらためて人と自然との関係について考えることが私たちに求められている。長い歴史のなかで日本人がどのように自然と関わり、生活を営んできたのかを見ることによってそのヒントが得られるのではないだろうか。本講ではそのような関心から自然に目を向けてみたい。

寺田寅彦の自然理解

日本人の自然との向きあい方に関して重要な示唆を与えてくれるものに寺田寅彦《とらひこ》の「日本人の自然観」というエッセーがある。寺田は著名な物理学者であったが、俳句にも親しみ、秀逸な随筆を数多く残したことでも知られる。このなかで寺田は次のように記している。「日本の自然界が空間的にも時間的にも複雑多様であり、それが住民に無限の恩恵を授けると同時にまた不可抗な威力をもって彼らを支配する、その結果として彼らはこの自然に服従することによってその恩恵を充分に享楽することを学んで来た、この特別な対自然の態度が日本人の物質的ならびに精神的生活の各方面に特殊な影響を及ぼした」[*1]。

日本人の「特別な対自然の態度」がその物質的・精神的生活にある特殊な影響を及ぼしたということが言われているが、具体的にどういうことであろうか。

日本では人々は自然の威力に対処するために、経験から必要な知識を集め、蓄積していった。そのことによって多くの恩恵を享受してきた。しかし自然を科学的な方法で分析し、普遍的な法則を発見することはしなかった。自然は分析の、あるいは研究の対象ではなかったのである。それは言いかえれば、観察され、分析される「自然」(nature)が生まれなかったということである。人間とともにある山川草木は存在したが、自然科学の対象となる「自然」は存在しなかった。人々はむしろそれと一体になって生きてきた。自然は分析ではなく、共感の対象であった。あるいは畏怖の対象であった。

詩歌のなかの自然

『万葉集』においても、自然は美しいだけでなく、「神々《こうごう》しい」ということばで表現されるような神秘性をもったものであった。そのなかに吉野を詠んだ次のような歌がある。「神《かむ》さぶる岩根《いわね》こごしきみ吉野の　水分山《みくまりやま》を見れば悲しも」（巻七・一一三〇）。神々しいほどに岩のごつごつしている吉野の水分山を見ると、切なる思いが込みあげてくるというような意味であろう（「み吉野」は吉野地方の美称）。

また高橋虫麻呂《むしまろ》に次のような歌がある。「富士の高嶺《たかね》は　天雲《あまくも》も　い行《ゆ》きはばかり　飛ぶ鳥も　飛びも上《のぼ》らず　燃ゆる火を　雪もて消《け》ち　降る雪を　火もて消ちつつ　言ひも得《え》ず名付けも知らず　くすしくも　います神かも」（長歌の一部、巻三・三一九）。富士の高い山は、雲も進むことをためらい、鳥も飛び上がることができず、燃える火を雪で消し、降る雪を火で消してしまうような、ことばで言い表すことも、名付けることもできない、霊妙な神であるという意味であるが、ここでは「くすし（奇し）」、つまり人間にははかりしれないという意味のことばで神が形容され、富士の美しさが表現されている。

古代の人々は自然のなかに美しさとともに、神威《しんい》とも言うべきものを認め、畏れ、敬ってきた。それに祈りをささげてきたと言ってもよい。このように自然は詩歌のなかで、くり返し共感の対象として、あるいは畏怖の対象として詠われてきたのであるが、哲学のなかではそれはどのように論じられてきたであろうか。それを以下で見ることにしたい。

「自然」ということばの歴史

それを見る前に、まず「自然」ということばがどのように使われてきたのかを見ておきたい。

先ほど、日本には観察され、分析される「自然」(nature)が存在しなかったと言ったが、もちろん古代の人々にとっても「自然」にあたるものは存在していた。それらは天地《あめつち》や山野《やまの》、山河《さんが》、乾坤《けんこん》、造化《ぞうか》など、さまざまなことばで表現された。

しかし「自然」ということばがなかったわけではなく、それも使われた。ただ、nature という意味においてではなかった。それは最初「おのづから(おのずから)」と読まれた。中国でももともとは「自然」は「自ら、おのずから」を意味する副詞ないし形容詞として用いられた。たとえば『老子』第五一章では、万物の根本原理である「道」について次のように言われている。「道の尊く、徳の貴《たか》きは、それ之《これ》に命ずる莫《な》くして、常に自然なり」。道の尊さとその徳の高さとは、誰かがそうさせるのではなく、いつもおのずからそうなのである、という意味であろう。

日本での古い用例としては『万葉集』の「山辺《やまのへ》の五十師《いし》の御井《みい》は自然《おのずから》成れる錦を張れる山かも」(巻一三・三二三五)という歌を挙げることができる。伊勢の国の山辺の五十師の原の御井は、おのずからできあがった錦を張ったような山のようだという意味であるが、ここでは「それ自身の力によっておのずから」という副詞として「自然」ということばが使われている。

「じねん」と「しぜん」

「自然」は「じねん」とも読まれた。漢字の読み方には、六世紀ごろに百済を経由して伝わった呉音《ごおん》と、七～八世紀に遣唐使たちによってもたらされた漢音《かんおん》とがあるが、「じねん」は前者にもとづく。仏教では伝統的に呉音に基づく読み方がなされてきた。また文学作品でも「じねん」ということばが使われている。たとえば、『源氏物語』第二帖《じょう》「帚木《ははきぎ》」に「人の品《しな》高く生まれぬれば、人にもてかしづかれて、隠るる事多く、じねんに、そのけはひ、こよなかるべし」という文章がある。人にかしずかれて成長すると、人目に付くことが少なく、おのずからその雰囲気やふるまいが格別なものになるというのである。

「自然」には「しぜん」という読みも古くからあったようで、平安時代末期に成立した辞書である『色葉《いろは》字類抄《じるいしょう》』では「しぜん」と「じねん」という読みが記されている。江戸時代前期に書かれた仏教書にも、「自然」にはこの二つの読みがあり、「おのづから」という意味の場合には「じねん」と呉音で読み、「もし、万一の場合」という意味の場合には「しぜん」と漢音で読むという記述がある。『平家物語』巻第七「一門《いちもんの》都落《みやこおち》」のなかにも、

「自然《しぜん》の事候はば、〔平〕頼盛《よりもり》かまへて助けさせ給へ」（もしものことがあれば、頼盛をぜひともお助けください）という表現が見える。

natureとしての自然

「自然」が「もし、万一の場合」という意味ではなく、山や川、草や木、天候など、人間の力とは関わりなく存在している物や現象を指すことばとして使われるようになったのは、西洋語のnatuur（オランダ語）やNatur（ドイツ語）、nature（英語）などが日本に紹介されてからのことになる。江戸時代に作られた日本で最初の蘭和《らんわ》辞典である『波留麻和解《ハルマわげ》』でもnatuurに「自然」という訳語が当てられている。

しかしすぐにその意味でこの「自然」ということばが使われたわけではない。明治時代になっても「天地」や「万物」、「造化」といったことばが多用された。明治時代の中頃になってようやく「自然」が自然界に存在するすべてのものを指すことばとして使われるようになっていった。

それには、当時、イギリスの詩人ワーズワース（William Wordsworth, 1770-1850）やアメリカ合衆国の思想家・詩人エマーソン（Ralph Waldo Emerson, 1803-1882）らのロマン主義的な自然理解が、徳富蘇峰《そほう》や北村透谷《とうこく》、国木田独歩《どっぽ》、徳冨蘆花《ろか》らの文学者や評論家に大きな影響を与えたことも関わっているであろう。*2 たとえば北村透谷はエマーソンの人となりについて、そしてその自然の理解について論じた「エマルソン小論」(一八九四年)のなかで、「読者請う彼〔エマーソン〕の詩集を披《ひら》きて、其《そ》の美の歌の如き、自然の歌の如き、尤《もっと》も短かきものを取って之を一唱せよ」とも、「〔エマーソンは〕極めて真摯《しんし》なる心を以て、「自然」の奥義を窺《うかが》うことを得るなり。彼は嬰児《えいじ》の虚心を以て、「自然」の意義を探れり」*3 とも記している。この頃にようやく「自然」ということばが定着していったことがここからも見てとれる。

安藤昌益の「自然」

いま「自然」が自然界に存在するすべてのものを指すことばとして定着していったのは明治時代の中頃のことであったと言ったが、江戸時代にすでに「自然」ということばを独自の意味で用いた思想家がいた。秋田の豪農の家に生まれ、医師として生涯を送った安藤昌益《しょうえき》である。その主著『自然真営道《しぜんしんえいどう》』*4 のなかでオリジナリティあふれる「自然」論を展開したが、その思想は長いあいだ忘れ去られていた。明治時代に入ってその草稿が発見されて、あらためて注目されるようになった人である。

昌益の「自然」理解の特徴はそのことばの使い方にも現れている。昌益はそれを「しぜん」と読み、従来のように副詞ないし形容詞としてだけではなく、名詞の形でも用いた。「自然」は、昌益独自の用語である「活真《かっしん》」とも深く結びついている。「自然」は昌益によれば動き、変化してやまないものであるが、その運動・変化を支えているのが「活真」、「活《い》きて真《まこと》」なるものである。この「自然」の変転を支える内的なエネルギーとも言うべき「活真」がさまざまに運動し、活動した結果がいわゆる万物であり、「自然」である。それは外から与えられた刺激によって変化するのではなく、その内部にあるエネルギーによって自己自身を形成していく。「自然」は「自《ひと》り然《す》る」のである。このように動詞の形でも「自然」ということばが用いられている。

「自然の世」

もう一つ、昌益が重視するのは「互性《ごせい》」という概念である。この世界には、互いに関わりあい、対をなすものが存在している。「天と地」「明と暗」「男と女」「生と死」などである。それらが互いに作用しあうことによって、場合によっては反発し、場合によっては引きあうことによって、この世界のなかにさまざまなものが生みだされていく。この対をなすもののあいだには、いっさい上も下もなく、尊も卑もない、互いに支えあい、補いあっている（「男女」を「ヒト」と読ませている箇所がある）。その関係を昌益は「互性」と言い表したのである。

以上のような理解の上に立って、昌益は上下、尊卑などの区別・差別を否定した。また、そのような考えに基づいて「自然の世」こそが理想の社会であると説いた。「自然の世」とは、すべての人が直接田畑を耕し作物を作って――それを昌益は「直耕《ちょっこう》」と表現した――暮らす社会である。一部の人が、自らは耕さず、他の人が作ったものを力で奪うことによって成り立つ作為された社会、「こしらえ」られた社会、つまり「法世《ほうせい》」を昌益は批判した。「自然」の理解が社会批判にもつながっていたところに昌益の思想の特徴がある。

和辻哲郎の「風土」論

近代になってとくに自然について論じた人に和辻哲郎がいる。和辻は『人間の学としての倫理学』(一九三四年)や『倫理学』(上・中・下、一九三七―一九四九年)などを通して日本の倫理学研究に大きな足跡を残した思想家である。

和辻の思索の歩みは三つに区分することができる。大学卒業後、西洋の哲学を中心に研究した時期が第一期であり、日本の文化や美術を中心に研究した時期が第二期である。その間に法政大学から京都大学に移り、さらに一九三四年に東京大学に籍を移した。ちょうどその年に『人間の学としての倫理学』が発表されたが、それ以後の時期、つまり独自の倫理学を構想し、それを体系化することを試みた時期が第三期である。

ここでは東京大学に移った翌年に出版された『風土——人間学的考察』(一九三五年)を取りあげることにしたい。この書は第三期に属するが、一九二七年から翌年にかけてのドイツ留学の言わば副産物として成立したものであり、第二期と第三期をつなぐような性格をもっていたと言ってよいであろう。

そこではモンスーン地帯や沙漠、さらにヨーロッパの気候や景観などが問題にされている。しかし和辻はそれらを「自然」とは呼ばずに「風土」と呼んだ。なぜなのであろうか。この点を明らかにしておくことがこの書を理解する鍵になる。

人間学という立場からの考察

この著作には「人間学的考察」という副題が付されている。しかし、なぜ「風土」が「人間学的考察」の対象になるのかということは、必ずしも自明なことではない。

その点を考えるために、まず和辻がこの『風土』という著作で「風土」をどのように定義しているかを見てみたい。「第一章　風土の基礎理論」の冒頭で和辻は、「ここに風土と呼ぶのはある土地の気候、気象、地質、地味、地形、景観などの総称である」[*5]と記している。気候、地質、地形等のことばがここで用いられている。一般に「自然」ということばで表現されるものである。しかし和辻はそれらを「自然」とは呼ばずに「風土」と呼んでいる。それは、彼が問題にしたものが人間と関わりのない客観的な存在としての気候や地形、つまり、単なる自然環境としての気候や地形ではなかったからである。また、彼が『風土』のなかで問題にしたのは、いま言った意味での自然がいかに人間の生活を規定しているか、あるいは規定してきたか、でもなかった。彼が問題にしたのは——『風土』のなかの表現を使えば——「日常直接の事実としての風土」（八・七）であった。

日常直接の事実——志向的関係

「日常直接の事実」としての風土とはいったい何であろうか。それを和辻は「寒さ」を例にとって説明している。彼が問題にしようとしたのは、ある一定の温度の（たとえば零下五度なら零下五度の）空気の存在、つまり、客観的な存在としての「寒気」ではない。私たちが実際の生活のなかで感じる「寒さ」である。

和辻が客観的な存在としての「寒気」ではなく、私たちの生のなかにある「寒さ」を問題にするのは、私たちが元来「志向的」な存在であるからである。私たちの意識のはたらきは、はじめから何かに向けられている、つまり何かについての意識である。それは外部とは関わりをもたない一つの「点」としてあるのではない。

私たちは孤立した「点」として、その外にあるもう一つの「点」（たとえば「寒気」）に向かって進んでいき、そこにある一つの関係を作り上げるのではない。私たちは最初から「……を感じる」（たとえば「この冬の寒さは体にこたえる」）といった仕方で、一つの関係のなかにある。私たちは最初からこのような「志向的関係」のなかにあり、このような「関係的構造」が私たちの存在を成り立たしめているのである。

志向的関係のなかで出会われる自然

和辻が問題にしようとしたのは、このような「志向的」あるいは「関係的構造」のなかで出会われる自然であったと言うことができる。それが和辻の言う「風土」にほかならない。そしてそのような意味での「風土」こそ、私たちの生の基盤であると言うことができる。そのように、客観的な存在としての気候や地形ではなく、私たちの生の「具体的地盤」としての風土に注目することによって、和辻は新たな仕方で自然を見る眼をもったと言ってよいであろう。

それに対して、和辻が「自然そのもの」から目をそらし、自然を曲げて理解した、あるいは人間化したという批判がなされるかもしれない。

しかし、私たちは私たちの生のなかで、純粋に客観的な気候や、純粋に客観的な景観に出会うことはない。私たちはつねに「……を感じる」という関係的構造のなかにあり、その外に出ることはできない。つまり私たちは、私たちが感じる寒さ以前の、独立した客観的な寒気に触れることはできない。私たちは私たちが具体的に寒さを感じることを通して、あるいはそこにおいて、はじめて寒気を見いだすのである。

そのことは、私たちが感じる「寒さ」が単なる主観的なものであるということを意味しない。そのような誤解の可能性に対し、和辻は『風土』のなかで、「志向対象は心理的内容というごときものではない」(八・九)というように述べて、そうした誤解を予め排除する努力を行っている。私たちが寒さを感じるとき、私たちは決して自分の感覚のなかに閉じこもっているのではない。私たちは外なるものに「関わって」いるのである。「関わり」は単なる心理内容ではなく、そこで私たちは実際に外なるものとの「関わり」のなかにいる。つまり、私たちは寒さを感じることを通して、実際に寒気と出会っているのである。

和辻とハイデガー

『風土』の「序言」のなかで言われているように、和辻が「風土性」の問題を考えようとしたきっかけになったのは、彼がドイツ留学中に手にしたハイデガーの『存在と時間』(一九二七年）であった。とりわけその「超越」の概念から和辻は刺激を得ている。ハイデガーによれば「超越」とは、人間——ハイデガーはそれを現存在（Dasein）と表現する——が個々の存在者に関わる際に、それに先だって、世界という場が人間（現存在）に対して開かれていること、つまり人間（現存在）が個々の存在者に出会いうる根拠として世界が開かれていることを意味する。

和辻はこの概念に触発されつつ、しかしその枠内にとどまることなく、むしろそれを積極的に拡張して理解している。つまり、自己が自己である前に、すでに自他という場に、言いかえれば「間柄」に出ていること、さらに、風土のうちに出ており、そこにおいてはじめて自己自身を見いだすことを主張している。

この風土への超越について、和辻は具体的に次のように述べている。「超越は風土的に外に出ることである。すなわち人間が風土において己れを見いだすことである。個人の立場ではそれは身体の自覚になる。が、一層具体的な地盤たる人間存在にとっては、それは共同態の形成の仕方、意識の仕方、従って言語の作り方、さらには生産の仕方や家屋の作り方等々において現われてくる。人間の存在構造としての超越はこれらすべてを含まなくてはならぬ」（八・一八）。

「風土的に外に出ること」とは、先ほどの例に戻れば、「寒い！」と感じることである。

そのとき、私たちはただ単に意識のなかに閉じこもっているのではない。むしろ外に出て、「外気の寒冷のもとに宿っている」。外気の寒冷のもとにあるが故に、私たちは寒さを感じると同時に、身を縮め、厚めの衣服を着、暖房器具を用意する。作物を寒さから護るためにさまざまな手段を講じる。さらには厳しい気候に耐えうる建築を工夫する。和辻は「超越」ということばのもとに、そのような行動をも含めて考えている。そしてそのような行動を含めて、和辻は「風土」というものを理解していたと言うことができる。

「人間の自己了解の仕方」としての風土

いま述べたことを踏まえて、あらためて「風土」とは何か、という問いに答えるならば、「風土」とは、人間が自分の外へと出、そこにおいて自己を見いだし、自己が何であるかを了解すること、あるいはそのことを可能にする場である、と言うことができるであろう。そのような意味を込めて和辻は、「風土」とは「人間の自己了解の仕方である」(八・一三)と述べている。この人間の「自己了解」ということを離れて私たちは「自然」を理解することができない。私たちははじめから「外に出て」おり、「風土」のなかにいるのである。

ここで一つ注意しなければならない点がある。和辻が以上のような「風土」の理解を通して語ろうとしたのは、自然環境と人間との関わりがただ単に一方向的な関わりではなく相互的な関係である、ということではないという点である。「人間は単に風土に規定されるのみでない、逆に人間が風土に働きかけてそれを変化する」（八・一四）のであるというしばしばなされる主張を、和辻ははっきりと退けている。そこではそのような立論の前提として、具体的な風土の現象から人間の自己了解に関わる面が洗い去られ、その残余の部分が自然環境として、あるいは風土として定立されている。和辻の「風土」論はそのような理解を乗り越えたところに成立している。

「人為的光景」としての風土

和辻が『倫理学 下』（一九四九年）の第四章「人間存在の歴史的風土的構造」において述べているところを手がかりにして言えば、自然界と呼ばれているものは、実際は、人間から切り離された純然たる自然の世界ではなく、一定の態度をもってそれに接する人間に対して現出してくる世界にほかならない。

それはたとえば生産の可能性につながるかどうかという意志をもってそれを見る人間に対して浮かび上がってくる光景、たとえば作物を育てることが可能な広さや養分をそなえた土地であるかどうか、必要な水を確保できる場所であるかどうか、といった関心から眺められた光景である。つまり、人間の関心と結びついた「人為的光景」である。

それはまた、情意をもった存在である人間に対して現出してくる世界でもある。そういう態度で自然に接する人間には、たとえば鳥の飛翔が自分の心の躍動の象徴として、あるいは秋の夕暮れが寂しさの結晶として立ち現れてくる。そういう意味でも、自然の世界は「人為的」な世界である。

さらに言えば、純粋に客観的な自然の世界というものも、世界をいま言ったような人為的な層を除き去って把握しようという科学的な態度で自然に接しようとする人間に対して現出してくる世界であり、それもまた、やはり「人工的」な世界なのである（一一・一〇七以下参照）。

自然というのは、元来、いま言ったような意味で、人間存在と切り離しえないものであると言うことができるであろう。和辻が「風土」ということばで言い表すのは、そのような意味での自然、つまり「人間存在のなかの」自然であり、「人間を外からとりまく環境」ではない（一一・一五四）。

「風土」という概念には、以上述べたように、主観と客観、あるいは自然と文化といった二項対立的な図式で自然を、あるいは自然と人間との関わりをとらえようとする態度に対する根本的な批判が込められていたと言うことができる。たとえば『風土』第一章の次のことばもそのことを明瞭に示している。「主観客観の区別、従ってそれ自身単独に存立する

「我々」と「寒気」との区別は一つの誤解である」（八・九）。

オギュスタン・ベルクの「通態性」

フランスの地理学者オギュスタン・ベルク（Augustin Berque, 1942- ）は和辻の風土論から大きな影響を受け、独自の風土論を作りあげたことで知られる。『風土の日本』では、以上で見た和辻の理解を踏まえて、「通態的」（trajective）ないし「通態」（trajet）という興味深い概念を使い、「風土」とは何かについて論じている。

ベルクは、主観的であると同時に客観的であり、自然的であると同時に人工的でもある風土の固有の次元を、「通態的」（trajective）ということばで言い表し、単なる主観でも、単なる客観でもなく、「通態性」（trajectivité）をその本質とする風土の有り様を、「通態」（trajet）ということばで言い表している。

通常は「道のり」、あるいは「行程」を意味するこの“trajet”ということばに、いま述べたような意味を込め、それを日本語で表現するときには、「通態」という訳語を当てている。“trajet”という概念で、そしてこの「通態」という訳語でベルクが言い表そうとしているのは、近代的なものの見方においてつねに固定的な対立項として見られてきた主観と客観、自然と文化、個人と社会が、風土においては決して固定した二元ではなく、むしろ

「相互生成」するものであるという点である。この二つのもののあいだには「可逆的往来」が可能であるともベルクは述べている。[*6] 和辻も強調していたように、それらは他と関わりなく単独で成立するのではない。そうではなく、共通の場で「相互的に」生成する。そこにたしかに二元的な契機が成立するが、それは決して固定したものではない。むしろそこには、限りない「往来」が可能であり、そのことによってそれらはつねに新たなものとして創造し直される。

和辻の立場は環境決定論か

和辻の「風土」論は、以上で見たように、我々が自然と人間との関わりを考える上で、さまざまな興味深い視点を提供してくれる。しかしこの著作に対しては、これまでもいくつかの点で重要な批判がなされてきた。その一つは、和辻が気候と人間の気質とを、あるいは自然と文化とを原因と結果としてとらえ、単純な決定論で結びつけているという批判である。

たしかに『風土』のなかには、そのように受け取れる記述が数多く見られる。たとえば、モンスーン域の気候の特質は、暑熱と湿気との結合にある。それ故にモンスーン域の人間は「受容的・忍従的」である。沙漠における乾燥の生活の特質は「渇き」にある。それを満たすために、そこに暮らす人間は「対抗的・戦闘的」であらざるをえない。ヨーロッパの風土の特質は湿潤と乾燥の総合という点にある。言いかえればヨーロッパの自然は従順であり、そのために整然とした形、規則的な形をいたるところに見いだすことができる。その故にヨーロッパの人間は「合理的」な思考に長けている。このように、気候と気質とが、あるいは風土と人間性とが、原因と結果として直線的に結びつけられているように見受けられる。

和辻が「風土」ということばに込めた意図

しかし、『風土』における和辻の立場が因果的決定論であったとは単純に言うことはできない。むしろ彼の意図は、気候と気質とを、あるいは自然と文化とを固定した対立項としてとらえるのではなく、先に言及したように、それらを相互生成的なものとしてとらえようとしたところにある。その故にこそ、「自然」や「環境」ではなく、ほかならぬ「風土」がこの書において問題にされたのである。

たとえば「沙漠」についての考察においても、和辻は、ここで考察されるべきものが、客観的存在物としての「沙漠」、およびそれが人間に与える影響ではないことを明瞭に述べている。そのような客観的存在物としての「沙漠」という、抽象化によって考え出された沙漠ではなく、人間の歴史性ないし社会性と結びついた限りでの沙漠、言いかえれば、歴史的・社会的存在である人間に現出する限りでの沙漠こそが問題であることを和辻は強調している(八・四五)。

先ほども述べたように、人間はある一定の態度・関心を保持しながら自然に相対している。そのような関心に基づいて自然に関わっていく。そしてその関わりによって変容した自然がまた人間の態度・関心を形成し直す。そのような相互的な関わりを離れて、「自然」も「人間」も存在しえないのであり、そこに単純な原因と結果との関係を持ち込むことは、和辻の本来の意図ではなかったと言うことができるであろう。

本講で最初に、古代から人々は自然を分析ではなく、共感の対象としてとらえ、それと一体になって生きてきたと言った。そのような自然のとらえ方は、「自然の世」こそが理想の社会であるという安藤昌益の主張のなかにも、また、いわゆる「自然」ではなく、「風土」こそ私たちの生の「具体的地盤」であるという和辻の「風土」理解のなかにも脈々と流れていると言ってよいであろう。

＊1　寺田寅彦「日本人の自然観」、『寺田寅彦随筆集』第五巻（岩波文庫、一九六三年）二五〇―二五一頁。
＊2　伊東俊太郎『自然』（三省堂、一九九九年）九六頁以下参照。
＊3　北村透谷「エマルソン小論」、『現代日本文学大系』6『北村透谷・山路愛山集』（筑摩書房、一九六九年）一七四、一七九頁。
＊4　『自然真営道』には稿本と刊本があるが、刊本の方は一七五三年に刊行された。
＊5　『和辻哲郎全集』（岩波書店刊、第三次、一九八九―一九九二年）第八巻七頁。以下、この全集からの引用については、本文中に巻数と頁数とを記した。
＊6　オギュスタン・ベルク『風土の日本』（篠田勝英訳、ちくま学芸文庫、一九九二年）一八五頁参照。

第9講　美

哲学はさまざまな問題を取りあげる。そのテーマをひとまとめにして「真善美」と言われることもある。どれも重要なテーマであるが、そのうちで私たちにとってもっとも身近なのは、やはりなんと言っても「美」であろう。真理とは何かという問題は、長年の研究なしにはすぐには答えられないし、また善の実現は容易ではなく、どこかかなたにあるものという印象が強い。それに対して、美的な感動というのは、どんな人でも経験する。美しく咲き誇る桜の花を前にすれば、万人誰しもその美しさに惹かれ、見とれてしまうであろう。

そしてそういう経験は、私たちに、心のなかで感じているだけでなく、それを表現し、人に伝えるように迫ってくる。そういう力を美はもっていると言ってもよい。そこに芸術が生まれたと言ってもよいのではないだろうか。

このように美にせよ芸術にせよ身近なものであるが、しかし、あらためて「美とは何か」とか「芸術とは何か」ということを考えると、これはこれでなかなか難しい問いである。美は見られるもの、つまり見られる対象のなかにあるのか、見る私たちの側にあるのか、というのも簡単に答えられない問いであるし、美はただ直観されるのか、それとも私たちの思惟のはたらきもそこに関与しているのかというのも難しい問いである。

この「美とは何か」という問題を論じる学問を「美学」と呼ぶが、明治時代にそれに接して以降、人々はそれをどのように受けとめてきたのか、また人々は何に美を見いだしてきたのか、そういうことを本講で見てみることにしたい。

西周の「美妙学説」

第2講で西周が日本における哲学の受容において大きな役割を果たしたと言ったが、最初に美学という学問を紹介したのも西周であった。「美妙学説」と題した論文（ここではこのタイトルの通り、美学は「美妙学」と訳されている。執筆年は定かでないが、一八七七年頃と推定される）において西ははじめてまとまった形でこの学問について論じている。とはいえ、「紹介した」と言ってしまうと言いすぎになるかもしれない。というのもこの論考は草稿の形で残されていたものであり、昭和に入ってはじめて知られるようになったものであるからである。[*1] ただ、第1講・第2講で触れた「百学連環」の講義のなかでも美学（ここでは「佳《か》趣論《しゅろん》」という訳語が用いられている）に言及し、美について「美とは外形に具足して欠くるところなきをいうなり」[*2] と定義している。

「美妙学説」のなかでは西はこの学問についてまず、「哲学の一種に美妙学《エッセチクク》と云《いう》あり、是《これ》所謂美術《ハインアート》と相通じて其《その》元理を窮《きわ》むる者なり」と述べている。[*3] そしてその「元理」、つまり美を成り立たしめる基本的な要素に、物自身が具えている美（美麗）と、その感受を助ける人間の想像力とがあると記している。美はその客観的な要素と主観的な要素によって支えられているというのが西の理解であったと言える。

西の「美」についての理解の特徴は、人間の美醜を感得する力を、善悪を判断する道徳的な能力、正邪を判断する法的な能力と深く関わりあったものとしてとらえている点、そしてその連携によって「人間の世間〔世界〕を高上なる域に進める」[*4]ことが可能になると考えている点にある（後者の点については、あとでもう一度触れる）。

美あるいは芸術に関する学問を最初にÄsthetik（aesthetics）と名づけたのは、ドイツの哲学者バウムガルテン（Alexander Gottlieb Baumgarten, 1714-1762）であった。バウムガルテンが美学という学問を名づけるにあたって、このように、もともと感性的な知覚を意味するアイステーシス（αἴσθησις）というギリシア語を用いたのは、美という価値は、推論や論証によってではなく、直接的に、あるいは直感的に把握されるという考えがあったからだと思われる。

明治のはじめに、それに接したとき、どう翻訳するのかはたいへん難しい問題であったと考えられる。実際、さまざまな訳が試みられている。西はいま挙げた論考では「美妙学」と、またいまも述べたように『百学連環』では「佳趣論」と訳している。「善美学」という訳語も用いている。

フェノロサの『美術真説』

実際に美学という学問を当時の人々に紹介したのは、第1講で紹介したフェノロサであった。一八八二年に『美術真説』という著作を発表している。フェノロサは日本ではじめてカントからヘーゲルに至る近代ドイツ哲学を詳しく紹介した人で、哲学を学びはじめた学生たちに大きな影響を与えたが、もともと美術、美術史に関心をもっており、来日してすぐに日本の美術、とりわけ狩野派の絵などに強い関心を寄せ、それらを買い集めたりしている。

そういうこともあってフェノロサは日本美術に関する講演などを依頼された。その一つが、一八八二（明治十五）年に行った講演「美術真説」であった。*5 そこでフェノロサは、美術がいかなるものであるか、その本質や役割について本格的に論じるとともに、それとの関わりで、当時ほとんど顧みられることがなくなっていた伝統的な日本美術の価値を高く評価した。当時は、明治初年の廃仏毀釈運動の影響もあり、多くの寺院や仏教美術が破壊されたり、二束三文で売りに出されたりしていた。そういうなかでフェノロサは日本美術の価値を高く評価し、それを海外にも広く紹介したのである。

さらにそれに加えて、フェノロサは日本の美術行政のあるべきあり方についても具体的な提言を行った。当時の美術行政は西洋美術一辺倒で、日本美術はまったく顧みられていなかったが、フェノロサらの提言も受け入れ、文部省もその価値を改めて評価し、日本の伝統的な美術の振興に力を入れるようになった。その先頭に立ったのが、当時文部官僚として力を振るっていた、九鬼周造の父・九鬼隆一であった。[*6]

美術作品は「善美」なるものであり、人を高尚にする

『美術真説』においてフェノロサはまず、「書画は……善美にして人の気格を高尚するが故に須用なり」というように、美術作品は善なるもの、美なるものであり、そのことによって人の気品や品格を高尚にするところにその意義があり、そのためになくてはならないものであると語っている（先ほどの西の理解にも通じる）。

その書画のなかにある「善美」とは何かという点に関してフェノロサは、作品の他のものとの関係（たとえばモデルの特徴がよくとらえられているとか、作者の技量が発揮されているかといったこと）のなかにではなく、美術作品そのもののなかにあるとしている。しかも作品を構成する要素が過不足なく備わり、それらが密接に関わりあって一体になっているものがすぐれた作品であると述べている。このような作品はそれを見るもの、聞くもののうちに「完全唯一の感覚」を生むが、それを可能にするものをフェノロサは「妙想《アイジャ》」ということばで呼んでいる。アイディアとは一般に人間が、あるいは芸術家が抱くこれまでにない新しい着想や構想を指すが、ここでは作品自身が備えている完全性を指すものとしてこのことばが使われている。

フェノロサは、このような「妙想」を備えたものを作りうるのは唯一芸術家のみであるとして、芸術家の役割を高く評価している。そしてそのような観点から、芸術家を「通常職工と同視」することはできないと主張している（以下で見るように、岡倉天心もそのような見方を示しているが、それはフェノロサの考えを承けたものと考えられる）。

中江兆民の「美学」

最初に「美学」という訳語を使ったのは、自由民権運動にその理論的基盤を提供したことで知られる中江兆民であった。一八八三、一八八四年に兆民は、文部省の委託を受け、ユージーヌ・ヴェロンの『美学』を『維氏《いし》美学』（上・下）という表題で、翻訳出版している（維氏とはヴェロンのことを指す）。この『美学』のなかでヴェロンはまずプラトンから現代に至るまでの美学を批判することから始めている。それらは「粋美」つまり究極の美、理想の美とは何かをめぐって議論しているが、それは空想と神秘とがないまぜになったものであり、「芸術の実施に於て害有りて益無き者」であるとして退けている。そうした美の理解を批判し、「美学をして真の経路に就かしめんと」することがこの書に込めたヴェロンの意図であった。[*7] 理想主義的な形而上学を排し、オーギュスト・コントらの実証主義を踏まえた立場から美について論じようとしたのである。この書は、あとで見る坪内逍遥《しょうよう》や、洋画家の高橋由一《ゆいち》、評論家・小説家の内田魯庵《ろあん》らにも影響を与えた。

森鷗外の「審美学」

文学者の森鷗外も、日本における美学の受容という点で大きな役割を果たした。[*8] たとえば一八九二年から翌年にかけて鷗外は、エドゥアルト・フォン・ハルトマン（Eduard von Hartmann, 1842-1906）の『美の哲学』の一部を祖述した「審美論」を、そしてそれをもとに美術評論家の大村西崖《せいがい》との共著という形で一八九九年に『審美綱領』を出版している。これらにおいて鷗外は「美学」ではなく、「審美学」という訳語を用いている。[*9]

「審美論」によればハルトマンは、さきに述べたフェノロサのような美の理解を、稚拙な実際主義であるとして退けている。私たちが感覚器官を通して受けとる以前の事物は分子とその運動だけであり、そこに美を求めることはできないという理由からである。しかし逆にまた、美はただ単に主観のうちに、あるいは意識のうちにあるとする立場も誤った理解であるとして批判している。美は主観が生みだす「象《しょう》」、「仮象」のなかにあるというのが、ハルトマンの美についての基本的な理解であった。この「象」ないし「仮象」は主観が作りだすイメージであるが、空想のような空虚なものではない。その点に関してハルトマンは、「美しき仮象は偽にあらず。意識の中に盛られて実在する以上は、想《そう》なる実物なり」[*10]と述べている。美は意識のなかに実在する実物であるというのがハルトマンの、そして鷗外の考えであった。

森鷗外と坪内逍遙の「没理想論争」

このような理解を踏まえて鷗外は、『小説神髄』(一八八五―一八八六年)を刊行し、また「美とは何ぞや」と題した評論などを発表していた坪内逍遙に対して論争を挑んだ。いわゆる「没理想論争」と呼ばれる論争である。

一八九〇年に東京専門学校(早稲田大学の前身)に文学科が設けられ、翌年『早稲田文学』が創刊されたとき、その最初の号に逍遙は「シェークスピヤ脚本評註」を発表した。そのなかで逍遙は、シェークスピアの偉大さについて次のように論じた。

自然についてはさまざまに解釈することができるが、どんなに解釈を尽くしても、その真の意味を理解することはできない。そこには理想があるともないとも言えない。それは「没理想」と表現するほかはない。同じことは芸術にも当てはまる。たとえばシェークスピアの作品はさまざまな解釈を許し、これこそがその「理想」であると言うべきものがない。それは「底知らぬ湖」にも喩えられる。*11 しかしそれこそがシェークスピアの偉大さを示している。「没理想」の詩を作る者こそが大詩人なのだと逍遙は主張したのである。

この逍遙の考えに対し、鷗外は「柵草紙《しがらみそうし》の山房《さんぼう》論文」のなかで、烏有《うゆう》先生という架空の人物を登場させ、彼を通して逍遙に対する批判を語らせた。

逍遙は自然には「理想」があるともないとも言えないと主張したのであるが、鷗外はそれを「理想」否定論ととらえ、烏有先生に次のように言わせている。「世界はひとり実《レアル》なるのみならず、また想《イデエ》のみちみちたるあり」*12。自然は物質だけで成り立っているのではなく、そこには「想《イデエ》」がある。言いかえれば「理想」がみちあふれている。たとえばクジャクの一つひとつ異なる羽が一つになり「渾身《こんしん》の紋理」を示しているのも、自然の理想の現れである。

逍遙は自然のそうした理想だけでなく、私たちの意識界を取り巻いている理性界、そこでこそ理想が実現される世界に対しても目をふさいでいる。それを見ないためにシェークスピアのなかにある理想をも認識することができないのだという批判を鷗外は展開したのである。

それを通して二人のあいだで論争がくり広げられたのであるが、要するに鷗外は、理想なしには美が成立しえないこと、そしてそれが具体化されたものこそが偉大な芸術作品であることを主張しようとしたと言ってよいであろう。

岡倉天心の芸術観

フェノロサは、先ほど言ったように、当時顧みられなくなっていた日本の美術を高く評価し、日本の伝統的な美術の振興に力を入れるべきだという提言を行い、自らまた奈良や京都の神社仏閣に眠る美術品の調査を積極的に行った。それを支えたのが、東京大学でフェノロサのもとで政治学、理財学（経済学）を学んだ岡倉天心であった。[*13]

天心の芸術観を知る上で重要な手がかりになるのは、一九〇三年に洋画家の集まりである二十日会で行った講演「美術家の覚悟」である。[*14] そこで天心は、近年美術界が表面的には活況を呈しているにもかかわらず、その内実は、衰退、あるいは絶滅の状態にさえあるということを述べている。洋画家が数多く世に出、かつては存在しなかった展覧会なども盛んに行われるようになったが、しかし、画家たちは展覧会の入選、売れ行きのよしあしだけを考えて絵を描くようになり、精神的にまったく堕落してしまった、というのである。その状況を天心は次のように言い表している。「古来東西の美術家は、彼《か》の宗教家の如く、又《ま》た文学者の如くに、自ら文明の先駆となりて一世を導くが故に尊重せられたり。然るに当世の絵画家に至りては、此覚悟なく、又た此修養なし。其世人に軽蔑せらるゝも亦《ま》た当然ならずや」。*15

世の先覚となるべき芸術家

時代の先駆となるという点にこそ芸術の意義があるというのが天心の理解であった。そのことを次のようにも言い表している。「凡《およ》そ美術家として尊重すべき所以《ゆえん》は、世の先覚となりて美の門鎖を開き、人生を慰藉《いしゃ》して之《こ》れを高尚に導くの天分あるが故のみ。其凡庸の職工人たるに至りては、何等《なんら》の点にか特殊の尊敬を払うべき」。*16 ここでは、人々を高尚に導くという点に芸術の意義があること、芸術家はすべからく「世の先覚」でなければならないこと、その点においてこそ芸術家は、職人や工人から区別されることが言われている。これらのことばから、天心が芸術をどのように理解していたかをよく見てとることができる。

もちろんそれは天心独自のものではなく、ある意味で明治の思想家に広く見られるものであったとも言えるであろう。たとえば先ほど引用した西周の「人間の世間〔世界〕を高上なる域に進める」ところにこそ芸術の意義があるということばもそれを示している。さらにフェノロサの芸術理解の影響も見逃すことができない。先に見たように、「書画は……善美にして人の気格を高尚するが故に須用なり」というのがフェノロサの基本的な考えであった。

先の引用で天心が「世の先覚」となる芸術家と「凡庸の職工人」とを明確に区別し、職工人に対して「何等の点にか特殊の尊敬を払うべき」と述べている点が注意を引くが、これも芸術家を「通常職工と同視」することはできないという『美術真説』におけるフェノロサの主張を引きつぐものと言えるであろう。

西田幾多郎の芸術理解

芸術家の果たすべき役割は、人々を精神的に高め、世の先覚として、人々に進むべき道を示すところにあるという考え方は洋の東西を問わず、広く存在している。

西田幾多郎も芸術については深い理解を有していた。自らも『芸術と道徳』（一九二三年）などの著作を著しているが、ドイツにおいて近代的な芸術理論の形成に力のあったコンラート・フィードラー（Konrad Fiedler, 1841-1895）の仕事を日本に紹介したことも、その大きな功績の一つである。

私たちの具体的な経験は変化してやまないもの、定まった形をもたない不明確なものであるが、それに明確な形を与えるものとしてフィードラーは眼と手のはたらきに注目した。『芸術活動の根源』（一八八七年）と題した著作のなかでフィードラーは、もし私たちが見ることにすべての力を集中すれば――それを“reines Sehen”（純粋に見ること、純粋視覚）というこ とばで表現している――、そこに、眼が意識に提供するものをより高度に発展させる可能性が開かれてくる、つまり視覚は、人間の身体の外的なメカニズム（具体的には、手の動き）を活動させ、視覚に与えられたものを表現へともたらす、そこに芸術作品が生まれると主張している。

西田はこのフィードラーの理解に深い共感を示しただけでなく、さらにそれを自己の哲学のなかに生かそうとした。『自覚に於ける直観と反省』（一九一七年）では、私たちはすべての経験、すべての実在を、それ自身のなかに発展の動力をもち自己展開していくもの、つまり「創造的な体系」としてとらえることができると述べている。もしそのようにとらえうるとすれば、この「創造的な体系」、つまり私たちの経験全体のなかで芸術はどのような位置を占めるのかが問題になる。その点に関して西田は、『芸術と道徳』のなかで次のように述べている。「芸術は道徳を予想して成立すると思う、道徳的発展を予想して芸術的創造があると考えるのである。……真摯なる生命の要求の上に立たない芸術は単なる遊戯でなければ、技巧に過ぎない」[*17]。

道徳的理想の実現に寄与するかぎりで芸術は意味をもつのであり、そうでなければ単なる遊戯にとどまるか、巧みな技術を発揮しただけにすぎないというのである。この主張は、岡倉天心の、芸術の役割は「高尚に導く」という点にあるという考えに通じると言ってよいであろう。

深田康算の芸術理解

以上で見たように、芸術を人間性の高揚、あるいは「理想」と結びつけて理解する人は多いが、はたして芸術はつねに「理想」の実現でなければならないのかというのは、芸術の本質に関わる一つの根本的な問いであると言ってよい。

むしろそのような「理想」から切り離して、芸術を「遊び」と結びつけて理解することもできるのではないだろうか。

深田康算《やすかず》もそのような観点から芸術について論じた一人である。深田は東京大学でケーベルのもとで学び、一九一〇年、西田と同じ年に京都大学に赴任し、最初の美学美術史講座の教授となった人である。その代表的な著作に『美と芸術の理論』がある（もともとは「芸術一般」という題でなされた講演である）。そのなかで「芸術とは何か」ということについて、学問、道徳と比較しながら考察している。それによれば、学問の特徴は新しい知、あるいは正確な知を求めて努力する点にあり、道徳の特徴は道徳的な理想、あるいは義務の完全な実現に向けて努力する点にある。それに対して芸術は、そのような努力とはまったく違ったもの、つまり、あるがまま、あるいは自然という点にその特徴がある。そういう意味で、芸術は「遊び」に近いものであるということを深田は主張している。学問や道徳のなかでは実現されない「特別な、解放的な、全く別な世界」[*18]を開いていく点にこそ芸術独自の役割があるというのが深田の理解であった。

西田の芸術理解に対する岩城見一の批判

のちに京都大学の美学美術史講座の教授を務めた岩城見一[*19]もそのような理解を受けついでいる。そして「視覚の論理――植田寿蔵《じゅぞう》」と題された論文のなかで、「道徳的発展を予想して芸術的創造がある」という西田の芸術理解を批判している。

植田寿蔵は、深田康算のもとで学び、深田が亡くなったあと、美学美術史講座の教授になった人である。『視覚構造』(一九四一年)と題された著作などがあるが、その表題からも知ることができるように、フィードラー、そしてさらに西田の哲学から深い影響を受けた芸術理論を展開した。ただ西田との関係でいえば、芸術を文化の一分野ととらえる西田に対し、芸術の、他の分野に還元されない独自の立場を強調している。その点ではフィードラーに近いところに立っていたと言ってよいであろう。

岩城はいま挙げた論文のなかで、まず西田の次の主張に注目している。「〔芸術においては、〕

何等の道徳的善悪の批判はない、悪なるものも芸術の対象として美となることができる。……美に於て我々は自由である。芸術は遂に遊戯的気分を脱し得ないのである」[20]。芸術は悪を批判することもなく、それさえも芸術の対象としている。そのような芸術は遊戯とか言えないというのである。

この主張に対して、岩城は、次のように反論している。芸術は確かに「悪」をも美とするし、「自由」であり、「遊戯的気分」を有している。あるいはそういう地盤の上に成り立っている。しかしまさに「悪」をも美とすることによって、つまり「遊戯的気分」によってこそ、芸術は既成の秩序、既成の善悪の秩序を転換し、それを芸術固有の秩序へと転換することができる——これは、先ほど見た深田康算の、芸術はある「特別な、解放的な、全く別な世界」を切り開く、という考えに通じる——。

あるいは芸術は、現実を、善悪秩序とは違った観点から見ようとするものである。そのような秩序の転換にこそ芸術の意義があるのであり、善悪秩序の補完という点にその意義があるのではない。むしろ芸術と善悪秩序（つまり道徳）とのあいだには〈断絶〉があるし、あるべきであるというのが岩城の理解であった。芸術とは何かを考える上で、重要な指摘であると言うことができるであろう。

美術家と職工人

もう一度岡倉天心の芸術論に立ち返ることにしたい。「美術家の覚悟」という講演のなかで天心は「凡庸の職工人たるに至りては、何等の点にか特殊の尊敬を払うべき」と主張していた。天心は「美術家」と「職人」、あるいは「工人」とをはっきりと区別し、「工人」を「米櫃《こめびつ》のために制作をする人」として、はっきりとおとしめる言い方をしている。

しかし「工人」、あるいは工人が作り出す「工芸」は低い価値しか持たないのかというのは、深く考える必要のある問いであろう。たしかに「芸術のための芸術」、つまり他の目的のために作りだされる芸術ではなく、純粋に芸術的・創造的意欲から生みだされる芸術にこそ価値があるという考え方もある。そこには一理あるが、しかし生活のなかにある工芸のなかにもまた美が存在するのではないだろうか。

そのことをとくに主張した人に柳宗悦《むねよし》がいる。柳は名もなき職人が作り、民衆がその日々の暮らしのなかで用いている器や家具、織物の美に注目し、「民衆的工芸」、つまり「民芸」[*21]の価値を再認識し、手仕事の文化を守り育てる運動、いわゆる「民芸運動」をリードした人として知られる。その代表的な著作の一つである『工藝文化』(一九四二年)のなかで柳は、美術を上に置き、工芸を下に置くような見方に、明確な反対の声を挙げている。

美術と工芸の分離

『工藝文化』のなかでも言われているが、絵画や彫刻はもともと生活と密接に結びついたものであった――「生活」のなかには衣食住だけでなく、宗教に裏打ちされた生活をも含めて考えてよいであろう――。そこでは作り手の創意ということよりも、生活上の必要性の方が、より大きな意味をもっていた。そういう意味で、もともとはすべての絵画や彫刻が工芸性を有していたと言ってもよい。つまり「美術」というもの、言いかえれば、見るためだけに描かれた絵や、見るためだけに刻まれた仏像というものはなかったのである。

近世における個人の自覚――柳は「我の自覚」という言い方をしている――を経て、はじめて「美術」が生まれたと言うことができる。個人の創意(creativity)に基づいて、あるいは画家自身の個性を表現するために絵を描くということがなされたのである。

そのように見るために描かれ、刻まれるということ、言いかえれば創作が自律的(autonomous)なものになるとともに、美術と工芸とが分離したのである。そして美のためにという「純粋性」の故に、美術が上位におかれ、生活のためにという「不純性」の故に、工芸の方は下位に置かれた。

それに対して柳は、生活と結びついた美は、ほんとうにおとしめられるべきものであろうかという問い直しを行ったのである。

美の大道

そういう問い直しの根底にあったのは、柳の独自の美の理解であった。それを柳はこの著作において「無事の美」と表現している。この表現は禅からとられたものである。たとえば『臨済録』において「無事はこれ貴人《きにん》、ただし造作することなかれ」という表現がある。無事の境地にすむ人こそ貴いのであり、強いて事を作為するようなことをしてはならない、という意味であるが、このようなことばを踏まえて「無事の美」ということが言われている。

近世、あるいは近代における個人の自覚に基づいた天才の芸術においては、個性的なもの、卓越したもの、非凡なもの、日常性を超えたものが価値のあるものとされた。言いかえれば、強烈なもの、刺激の強いものが美とされた。そういったものをあえて作りだすところに芸術の意義が見いだされたと言うことができる。

それに対して柳は、本当の意味で人間を幸福にするものは、そのような偉大な美ではなく、生活のなかに現れる「尋常の美」ではないのか、ということを主張したのである。もちろん柳も天才の偉大な美を否定しようとしたわけではない。そうではなく、それとともに、「個人の泉からは発しない美」[*22]というものがあるのではないか、ということを言おうとしたと考えられる。

偉大な天才的芸術家が生みだす美は、道にたとえれば、凡人が決して歩むことのできない険阻な道である。それに対して、工芸品がもつ美は、誰でも行くことのできる平坦な道である。もちろんそれなりのものを作り出すためには修業が求められるが、しかし、修業さえ積めば、天才でなくてもその美を生みだすことができる。そういう観点から言うと、天才が歩む険阻な道は、むしろ「傍系の道」であって、工芸品の美の方が、「美の大道」なのではないか、ということを柳は主張しようとしたのである。

下手と上手

柳のいわゆる民芸運動も、そのような考え方に基づくものであったと言ってよいであろう。一九四一年に発表した『民藝とは何か』を手がかりに民芸運動が何であったかを見てみたい。

まず最初に柳はその「序」のなかで、民芸品、あるいは工芸品は「雑なもの」と受け取られる場合が多いが、そういうふうに受けとられる原因の一つが自らにあること、つまり、柳自身が使った「下手《げて》」な品と「上手《じょうて》」な品ということばがその原因の一つになったことを記している。そういう受けとられ方に反論したいという意図がこの書に込められていたと言ってよいであろう。

柳が主張しようとしたのは、貴族などの富裕な人々が使った「上手」な品——たとえば複雑で繊細な技巧を凝らした蒔絵《まきえ》・螺鈿《らでん》細工のようなものを例に挙げることができるであろう——だけではなく、一般庶民が日々の暮らしのなかで使う「下手」なもののなかにも美があるということであった。民芸運動の広がりとともに、この「下手」ということばも広く知られるようになったが、しかしそれがいま述べたような柳の意図通りに受け取られず、たとえば「下手物《げてもの》趣味」というようなことばが作られて、いっそうその美が否定されるようなことが起こったのである。そういうことがあり、柳はそれ以後、この「下手物」ということばを使うのをやめ、もっぱら民芸とか民器ということばを使うようにしたと述べている。

民芸の美

柳は民芸のなかにどのような美を見いだしていたのであろうか。『民藝とは何か』のなかで柳は、「上手物」の特徴である複雑で繊細な技巧、あるいは顧客の注意を引こうとする作者の意図、作為性と対比して、民芸の美について次のように語っている。「無駄をはぶいた簡素、作為に傷つかない自然さ」[*23]にこそ民芸の美はあると柳は言う。前者の特徴が「有想《うそう》」にあるとすれば、後者の特徴は「無想」にあるとも述べている。「上手物」を作る人は、そこに自分の意図を、あるいは独創性を込めようとする——それが「有想」である——。それに対して「下手物」を作る人は、そういう意図をもっていない。一般の人々の生活にいちばん役立つようなものを作るだけである。それを柳は「無想」ということばで表現したのである。そこでは複雑さや奇抜さよりも単純性が、華やかさよりも質素さが、繊細さよりも堅牢さが旨とされる。

民芸運動とは、そのような単純で質素で堅牢な日々使われる民芸品ないし工芸品のなかに美があるという認識を広めようとする運動であると言うことができる。柳が一九二六年に河井寛次郎らとの連名で発表した「日本民藝美術館設立趣意書」——この趣意書の発表が民芸運動の始まりと言われる——の表現で言えば、「美が自然から発する時、美が民衆に交る時、そうしてそれが日常の友となる時[*24]」を実現しようとする運動であったと言うことができるであろう。

美とは何か・芸術とは何か

以上、美をめぐって、あるいは芸術をめぐって、明治以降の歴史のなかでどのような思索がなされてきたかを見てきたが、そこには多様な見解が存在する。

実際、美とは何かを一言で言い表すのは容易ではない。それは私たちの心を大きく動かす。そこに何かある完全なもの、崇高なものを感じとることも多い。しかし、それがつねに「真」や「善」と結びついていなければならないと言えるかどうかは確かではない。芸術作品も、それがつねに人の気品や品格を気高いものにするものでなければならないと言えるかどうか確かではない。既成の秩序が支配する世界とは異なった「特別な、解放的な、全く別な世界」を開いていくことも芸術の大きな役割であろう。美は、そして芸術は私たちにさまざまな問いを――答が一つに決まっていない問いを――突きつけているように思われる。

＊1　この論考は麻生義輝が編んだ『西周哲学著作集』（岩波書店、一九三三年）のなかではじめて公表された。
＊2　『西周全集』第四巻一六九頁。
＊3　『西周全集』第一巻四七七頁。
＊4　同書四九二頁。
＊5　その年にこの講義を筆記した大森惟中によって『美術真説』（龍池会）として出版された。
＊6　九鬼周造には日本の伝統的な美意識の一つである「いき」について論じた『「いき」の構造』という著作がある。本講でそれについて論じる計画であったが、紙面の都合で省略せざるをえなかった。関心のある方は拙著『九鬼周造――理知と情熱のはざまに立つ〈ことば〉の哲学』（講談社選書メチエ、二〇一六年）を参照されたい。
＊7　『明治文学全集』第七九巻『明治芸術・文学論集』（筑摩書房、一九七五年）一一二頁参照。
＊8　鷗外は陸軍の軍医を務めるかたわら、一八九二年から慶應義塾において「審美学」の講義を、一八九六年から東京美術学校でフェノロサ、岡倉天心のあとを承けて「美学及び美術史」の講義を担当した。
＊9　一方、高山樗牛（林次郎）は同年に『近世美学』という書を帝国百科全書の一冊として刊行している。ここから

も比較的長く審美学と美学という訳語が並行して使われたことがわかる。
＊10 『明治文学全集』第七九巻『明治芸術・文学論集』二二六頁。
＊11 「シェークスピヤ脚本評註」は「『マクベス』評釈の緒言」と題を改めて『文学その折々』（春陽堂、一八九六年）に収録された。『現代日本文学大系』1『政治小説・坪内逍遙・二葉亭四迷集』（筑摩書房、一九七一年）二四二頁参照。
＊12 森鷗外「柵草紙の山房論文」、『森鷗外全集』（ちくま文庫、一九九六年）第一四巻四四頁。
＊13 その際のよく知られたエピソードに、法隆寺夢殿の救世観音像を収めた厨子の開扉の話がある。一八八四年の八月のことであると言われているが（一八八六年という説もある）、文部省調査委員となっていた岡倉天心を連れ、岡倉を通訳にして、この夢殿の厨子の開扉を僧侶たちに迫ったというエピソードである。
＊14 ここで「美術家」という表現がなされているが、いまで言う「芸術家」のことである。明治の初めには、art ということばが多くの場合、「芸術」ではなく「美術」と訳された。おそらく fine art（schöne Kunst）を直訳したものと考えられる。それを踏まえて芸術家も「美術家」と呼ばれた。
＊15 隈元謙次郎ほか編『岡倉天心全集』（平凡社、一九七九―一九八一年）第三巻二七九頁。
＊16 同所。
＊17 『西田幾多郎全集』第三巻五七頁。
＊18 深田康算『美と芸術の理論』（白凰社、一九七一年）二七八頁。
＊19 常俊宗三郎編『日本の哲学を学ぶ人のために』（世界思想社、一九九八年）所収。
＊20 『西田幾多郎全集』第三巻一九四頁。
＊21 「工芸」を「工藝」と、また「民芸」を「民藝」と表記する方が柳宗悦の意図に沿うが、書名以外は一般に通用している「芸」で代用した。
＊22 柳宗悦『工藝文化』（岩波文庫、一九八五年）二〇八頁。
＊23 柳宗悦『民藝とは何か』（講談社学術文庫、二〇〇六年）三二頁。
＊24 『柳宗悦全集』「著作篇」第16巻『日本民藝館』（筑摩書房、一九八一年）六頁。

第10講　生と死

第5講で「自己」というテーマを取りあげたときに述べたが、「自己をふり返る」というのは私たちにとってとても大切なことである。しかしそれは簡単なことではない。そのときに紹介したパスカルのことばを借りて言えば、自己を見つめることは、自己の死、悲惨、無知を見つめることにつながるからである。そのために私たちはむしろ自己から目を逸らそうとする。むしろ「気晴らし」に生きようとする。しかし、いくら目を逸らしても、私たちは私たちの生に死がまとわりついていること、あるいは、私たちの知には限界があることを意識せざるをえない。「生と死」、これは私たちが生きていく上でもっとも根本的な、そして切実な問題であると言うことができるであろう。本書をしめくくるにあたって、この問題を取りあげることにしたい。

虚無

人間がこのような状況のなかにあるということ、つまり、死や有限性を免れないという人間が置かれている根本的な状況を、三木清は「虚無」ということばを使って言い表した。三木は多方面にわたる仕事をした人である。さまざまな側面をもつ哲学者であったと言ってもよい。第7講でも触れたように、一時はもっぱらマルクス主義に関する論文を発表し、そのような立場から日本の思想界に非常に大きな影響を与えた。しかし三木がヨーロッパ留学から帰国し、一九二六年にはじめて出版した著作はそれまでと一転、『パスカルに於ける人間の研究』と題されたものであった。また三木は一九四五年に治安維持法違反の容疑者をかくまい、逃亡させたという嫌疑で検挙され、敗戦後も釈放されることなく、九月二十六日に獄中で亡くなった。そのときに残した遺稿は『親鸞』と題するものであった。

三木は一九四一年に『人生論ノート』という本を出版している。これは雑誌『文学界』に発表されたエッセーを集めた随想集であるが、戦中、戦後を通じて多くの版を重ね、非常に多くの読者を見いだした。おそらくそういったものが求められていた時代であったのであろう。そこで三木は幸福や孤独や偽善など、さまざまなテーマについて書いているが、「人間の条件について」と題したエッセーがそのなかにある。そこで三木は、「自己を集中しようとすればするほど、私は自己が何かの上に浮いているように感じる。いったい何の上にであろうか。虚無の上にというのほかない。自己は虚無の中の一つの点である」[*1]と記している。

メタフィジシァンとしての三木清

人間は巨大な虚無に取り囲まれている、虚無という果てしない海の上に浮かぶ小さな船のようなものだということが言われている。この人間を取り囲む「虚無」こそが、人間の条件であり、その上に人間の生は成り立っている。したがってそれとの関係を無視しては、人間とは何かということを理解することができないと三木は主張する。

それでは三木清はいわゆる虚無主義者であったか、つまりこの世界に存在する意味や生きる目的を認めなかったかというと、そうではない。三木の一年後輩であり、親しい友人であった谷川徹三が、三木没後に発表した「三木清」という文章のなかで、「人生の底の虚無に絶えず脅やかされながら、人生には何もないのではない、何かがあるのだ、ということを絶えず自分自身にたしかめないではいられない存在」であった、そういう意味で「メタフィジシアン」（metaphysician, 形而上学者）であったということを語っている。*2

とくに死の問題を考えたとき、私たちは自らの存在の不確かさを、そしてその根底にある無限の深淵を思わざるをえない。しかしメタフィジシアン、あるいは哲学者というのは、その虚無が言わば底なしの虚無ではなく、そこに何かがあるに違いないと考えずにはいられない人のことだという谷川の洞察は、たいへんおもしろい。実際、三木という人物、三木という哲学者をよくとらえたことばであるように思われる。三木の思索には、つねにこの「虚無」の影がつきまとっていたが、他方、その背後に何かがあるはずだと考え、格闘しつづけた人でもあった。

無常

人間は虚無という果てしない海の上に浮かぶ小さな船のようなものだというのは、三木清一人の感慨ではなく、多くの人が、そして古代から現代にいたるまで、数限りない人がそう感じてきたのではないかと思う。人間存在のはかなさ、それを思うときに懐《いだ》く無常感を、ひとはしばしば歌などを通して表現してきた。

たとえば『万葉集』の編纂《へんさん》に深く関わった大伴《おおとも》家持《のやかもち》にも次のような歌がある。

うつせみの世は無常《つねなし》と知るものを　秋風寒《さむ》み偲《しの》びつるかも（巻三・四六五）

「うつせみの」は枕詞として「世」にかかる。この世のものはすべてとどまることがない。そのことは十分に知っている。しかし、それを十分に知っていても、冷たい秋風が身に染み、それが機縁となって、亡くなった妻のことが思いだされ、悲しい思いが深くなっていくというのである。無常という世の理を理解していても、亡くなった愛する人への思いをどうすることもできないということが、ここでは詠われている。

あるいは『方丈記』冒頭のことばが思い起こされる。「朝《あした》に死に、夕《ゆうべ》に生るるならひ、ただ水の泡にぞ似たりける。知らず、生れ死ぬる人、何方《いずかた》より来たりて、何方へか去る」。

どこから来て、どこへ去って行くのかという問いに対して、ただ端的に「知らず」と言われていることが、虚無の海の果てしなさをよく示しているように思う。

「朝には紅顔ありて夕には白骨となれる身なり」

そしてこの人間存在の「はかなさ」については宗教者もくり返し語っている。その代表とも言うべき人は蓮如である。蓮如は十五世紀、当時不振であった本願寺教団を再興したことで知られる人である。蓮如自身の著作と言うべきものはなく、真宗の教義のかなめを消息文の形で弟子たちに示したものが、後にまとめられ残っている。『御文章《ごぶんしょう》』というのがそれである。その全編に無常感があふれていると言っても過言ではない。

たとえば次のように言われている。「夫《そ》れ、人間の浮生《ふしょう》なる相をつらつら観ずるに、凡《おおよ》そはかなきものは、この世の始中終《しちゅうじゅう》、幻の如くなる一期なり。されば未だ万歳《まんざい》の人身《にんじん》を受けたりといふ事を聞かず、一生過ぎ易し。……されば、朝には紅顔ありて夕には白骨となれる身なり。既に無常の風、来りぬれば、即ちふたつの眼《まなこ》たちまちに閉じ、ひとつの息ながく絶えぬれば、紅顔むなしく変じて桃李《とうり》の装いを失ひぬるときは、六親眷属《けんぞく》集りて歎《なげ》き悲しめども、さらにその甲斐あるべからず。……野外に送りて夜半の煙と為《な》し果てぬれば、ただ白骨のみぞ残れり。あはれといふも中々おろかなり」（五帖目第一六通）。

「始中終」というのは、人間の少年期、壮年期、老年期のことである。生まれてから死ぬまでのことであるが、その定めのなさ、はかなさがまず言われている。そのことが、「朝には紅顔ありて夕には白骨となれる身なり」ということばで端的に表現されている。いくら血色のよい顔やあでやかな容姿をしていても、「無常の風」が吹けば、すぐにもこの世の生を終えなければならない。あとに残るのは白骨のみである。「中々おろかなり」というのは、とうていそのあわれさはことばでは言い尽くせないという意味である。

縁起と空

「白骨の御文《おふみ》」とも呼ばれる蓮如の『御文章』の底に流れている無常への思いの根底には仏教の「縁起《えんぎ》」や「空」の思想がある。

「縁起」というのは、「因縁生《いんねんしょう》」、あるいは「因縁生起《いんねんしょうき》」とも言われるが、すべてのものは、さまざまな因（直接的な原因）や縁（間接的な原因、あるいは条件）によって成り立っており、その因や縁次第でさまざまに変化する、つまり無常であるという考えのことである。言いかえれば、すべての存在は、それ自身の固定した実体性をもたず、ただ互いに他に依存しあいながら存在しているにすぎないということである。仏教ではそのような理解に基づいて、この世界におけるさまざまな苦しみから解き放たれ、自由な境涯を得ること（解脱）を目ざした。

大乗仏教ではこのすべての存在には固定した実体がないということが、「無自性《むじしょう》」（何ものもそれ自体の定まった本質・実体をもたないこと）ということばや、「空」ということばで言い表された。

たとえば大乗仏教の発展に大きな寄与をしたナーガールジュナ（龍樹）の代表的な著作である『中論』のなかで、「衆因縁生法《しゅいんねんしょうほう》、我れ即ち是《こ》れ空と説く。何となれば、衆縁《しゅえん》具足し和合して而《しか》して物は生ず。是の物は衆因縁に属するが故に、自性無し、自性無きが故に空なり」＊3と言われている。「衆因縁生法」は龍樹の著作などを漢訳した鳩摩羅什《くまらじゅう》が「縁起」のもとのことばをこのように訳したものであり、「縁起」と同じ意味である。すべてのものは相互に依存しあっており、それゆえに私はそれを「空」と説く。もろもろの縁がそなわり集まって物が生ずるが、それはもろもろの因と縁によって生まれたものであるがゆえに、それ自身には定まった本質・存在がない。それがないがゆえに空と説くのである、ということが言われている。

色即是空

「空」ということで、大乗仏教の般若経典群の中心思想を簡潔に表現したとされる『般若《はんにゃ》心経《しんぎょう》』などに見える「色即是空《しきそくぜくう》」という表現を思い起こす人も多いであろう。「色」(rupa, 存在するもの、形あるもの)は空に異ならず。空は色に異ならず。色はすなわちこれ空、空はすなわちこれ色なり」とそこで言われている。およそ存在するもの、形あるものは因と縁によって生じたにすぎず、実体をもたないということである。

しかしそこでは、興味深いことに「色即是空」と言われたあと、「空即是色」と続けられている。つまり存在するもの、形あるものも、それには実体がないという真理と無縁のものではなく、真理の立場からひるがえって見れば、存在するものすべてがその現れであるという意味であろう。大乗仏教の「空」の理解がよく表現されているように思われる。

死と縁起・空の思想

このように仏教では「縁起」や「空」の思想がその根本に置かれたのであるが、それには「死」や「無常」の問題が深く関わっていたと言ってよいであろう。

仏教において死が大きな意味をもっていたことは、ブッダの出家そのものが死に関わるものであったことからも知られる。仏典はそれを「四門出遊《しもんしゅつゆう》」の話として伝えている。それによるとブッダは大国の王子に生まれ、美しい宮殿で歓楽の生活を送っていたが、あるとき遊園の地へ向かう途中で年老いた人に出会う。その醜さにブッダは驚き、誰もがそれ死を免れ得ないことを知って、苦悩する。次の機会には病気の人を、さらに次の機会には死人を見て、やはり宮殿に逃げ帰る。そして最後に出家者に出会い、自らも出家することを決意したという話である。

これはもちろん脚色されたものであろうが、しかしこの物語は死が仏教のなかで大きな意味をもつ問題であったことをよく示している。そして実際、さまざまな仏典のなかで死の問題が取りあげられている。たとえば、仏典のなかで『スッタニパータ』などとならんでもっとも古いものとされる『真理のことば』(Dhammapada, 中国語訳は『法句教』)のなかでも、繰り返して「死」について語られている。たとえば「花を摘むのに夢中になっている人を、死がさらっていく。眠っている村を洪水が押し流していくように」ということばがある。また「この身は泡沫《うたかた》の如くであり、蜻蛉《かげろう》のようにはかない」(中村元訳)というようにも言われている。

そのはかなさは、他の仏典では「火」に例えられている。「いっさいが燃えている」ということばで、人間の無常性が言い表されている。その無常性、あるいは死を直視するところから出てきた答、つまりいかにして老死の苦しみから逃れることができるのかという問いに対する答が、いわゆる「縁起」の思想であり、「空」の思想であったと言うことができるであろう。

移ろうものと移ろわぬもの

この「空」という概念をめぐって、第5講で触れた西谷啓治が「空と即」（『講座仏教思想』第五巻、一九八二年）という論文のなかで興味深いことを記している。西谷によれば、「空」の概念はインドで——たとえば先ほど見た「色即是空」の場合のように——すべての事物がそれ自体として存在しているのではないということを言い表す理論上の概念として成立したが、それが日本に伝えられたとき、純粋に理論的な概念としてではなく、むしろ感情や情緒と結びつく仕方で受け入れられた。その背景には、そもそも日本では「死」というものが、「はかない」とか「むなしい」といった感情と深く結びついたものとしてとらえられていたことがあったと考えられる。

もちろん人間の有限性、あるいはすべてのものが移ろいゆくということは、日本でも、インドでも、あるいはヨーロッパでも同じであって、日本においてだけとくに人間の有限性ということが言われるわけではない。無常感、そしてそれを基礎とした無常観という世界観は、どこにも共通して見られる。

たとえば、よく引用されることばであるが、『旧約聖書』の「伝道の書」には、「空の空、すべては空なり」ということばがある。しかし西谷は——これは別の論文「芭蕉について」[*4]においてであるが——東洋と西洋とでは、無常というものが感じられる地盤は同じではないと言う。西洋においては、すべてが移ろうと言われる場合にも、その根底に、何らかの意味で移ろわぬもの、永遠なものが考えられているというのである。たとえばイデアというような考え方もそうであるし、キリスト教の神もそうである。西洋の無常というのは、そういう永遠なものに支えられた、あるいはそれに基礎づけられた無常である。それに対して東洋の場合には、そういう移ろいゆくものの背後に永遠なるものが見られず、そのために、その無常感、あるいは心の「むなしさ」といったものがどこまでも深くなっていくところがあると西谷は述べている。

情意における空

私たちはたとえば自然の諸事物を見たり、聞いたりする場合でも、それを単なる知の対象としてではなく、むしろ情意の対象として、つまり気分的なものと結びついたものとして受けとっている。晴れ渡った青空を見れば、さわやかさを感じ、心も晴れ晴れとするし、無邪気にほほえむ赤ちゃんの顔を見れば、見ているこちらの心もおのずから和んでくる。知るということと、気分、感情、情緒というのは深く結びついているのである。

一般的にそのように言えるが、仏教の「空」という概念が日本に受け入れられたときにも、――蓮如の『御文章』の「はかない」とか、「あわれ」という表現に端的に見られるように——単なる理論的な概念としてではなく、情緒と深く結びつくような仕方で受けとられた。そのように情意のレベルで受けとられた「空」を西谷は「情意における空」ということばで言い表している。

もちろん、「空」という概念は中国においてもすでに情意的なものと結びついて受けとられたということも言える。空、つまりシューニヤ(śūnya)というインドで成立した概念が「空」という中国語に移されたとき、純粋に理論の上でというよりも、「空」ないし「虚空」のもともとの意味である「目に見えるそら」と結びつく形で受容されたと西谷は指摘している。目に見えない永遠無限なものであるシューニヤが、人間にとって目で見ることのできる唯一の永遠なるものである「そら」と結びつけて受容されたのである。概念の受容の歴史という観点から見たときたいへん面白い点である。異なった文化のなかの新しい概念に接したとき、それをどのように受容するかというのは、つねに大きな困難を伴う作業であるが、中国の人たちは、目に見えない無限である「空」を理解するために、目に見える無限を手がかりとしたのである。

情緒的なものと結びつく仕方で受けとめられた仏教の理論

「空」ということばは中国でも、いっさいは空であると観取することから生じる特有の

「気分」をも言い表すことばとして使われた。しかし日本ではより強く「はかなさ」や「むなしさ」、そういった気分と結びついたものとして「空」の概念が受け入れられていった。西谷はそうした例の一つとして、次の西行の歌を挙げている。「風に靡《なび》くふじの煙の空に消えて行方もしらぬわが思ひかな」という歌である。ここでは自分の思いのはかなさ、あるいは自分の存在の虚しさが、空に消えていく煙のはかなさと、それを消していく空の虚ろさに重ねあわされている。その背後には、もちろん仏教の「空」の思想がある。それがここでは空《そら》に消えていく煙のはかなさと、そして自らの存在の不確かさと重ねあわされている。

そのように「空」が受けとめられたということは、本来なかったものがそこに付け加えられたということでもあるが、しかしそれによって教理がゆがめられたとは単純には言えないであろう。仏教の理論がこのように気分的なもの、情緒的なものと深く結びつく仕方で受けとめられたために、日本では仏教が人々のあいだに受け入れられ、深く浸透していったということも言える。そうでなかったら、仏教は日本でこれほど深く根を下ろすことはできなかったかもしれない。

哲学は「死」をどのように問題にしてきたか

さて、このように「死」の問題は——それが情意と深く結びつく形で受けとめられたということとも関わっているが——とくに文学や宗教のなかでさまざまな形で問題にされてきた。しかし、哲学のなかで「死」を問題にするということは、多くなされてこなかった。それを問題にするには、ある独特の難しさがあると言ってもよいかもしれない。

たとえば『ソクラテスの弁明』のなかでも、また『論語』のなかでも、死は私たちがよく知らないことであり、それについて論じることはできないという考えが述べられている。『論語』で言えば、その「先進篇」で、弟子の子路《しろ》が、死者の霊とか鬼神（さまざまな神々）にどのように接したらよいか、と孔子に聞く場面が出てくる。この問いに対して孔子は、「いまだ生を知らず、いずくんぞ死を知らん」と答えたと記されている。

確かに私たちは死が何であるかを直接に知ることができない。死を受けとめたときの思いや感情を問題にすることはできるが、死そのものについて論じることは容易ではない。しかし哲学の領域でも、その数は多くないにしても、注目すべき思索がこれまでもなされてきた。たとえば田辺元は「メメント・モリ」と題した短かい文章を発表している。「メメント・モリ」というのは、「死を忘れるな」、つまり“memento mori”というヨーロッパに古くから伝わる警句、アフォリズムをそのまま表題にしたもので、田辺が晩年それについて深く考えた「死」の問題についてわかりやすく述べたエッセーである。

同じ頃、田辺は「生の存在学か死の弁証法か」と題した論文（その一部は一九五九年に『マルティン・ハイデッガー七十歳記念論文集』にドイツ語で発表された）を執筆している。そしてそのなかで「死の哲学」とも呼ぶべきものを構想した。そこで田辺は「死」を、ただ単に「私」の死の問題としてではなく、いわゆる二人称の死、妻や夫、子どもなど親しい人の死、別の言い方をすれば「汝《なんじ》」の死に関わるものとして問題にした。しかも単なる「汝」の死ではなく、私と汝との関わりにおける死を問題にした。より正確に言えば、死せる汝と生ける私との関わりの問題として死の問題を問うた。

私と汝との関わりのなかの死

普通に考えれば、汝との関わりは汝の死によって終わりを告げる。死は関係の終結を意味する。しかしそれですべてが終わるわけではない。田辺が妻の没後に作った歌に次のようなものがある。

わがために命ささげて死に行ける妻はよみがへりわが内に生く

このように死が生のなかに浸透してくるということがある。そのことによって、そこに新たな関わりが生まれると言ってもよい。死を契機に、関わりの新たな地平が開かれてくるのである。死は関わりを消滅させるものではなく、むしろ生むものでもある。死はそこではただ自分の外に、あるいは自分の生の限界として眺められるのではなく、むしろ生のなかに入り込み、生と関わりを結ぶものとして立ち現れてくる。そのような観点から死を問題にしたところに、田辺の「死の哲学」の一つの大きな特徴がある。

死が生のなかにあるということは、田辺にとって、先に引用した歌が示すように、思弁を通して得られた結論ではなく、リアルな経験であった。おそらくそのことが関係しているが、田辺の理解では、死者との関わりを可能にするのは「愛」である。「生の存在学か死の弁証法か」のなかで田辺は次のように記している。「自己のかくあらんことを生前に希《ねが》って居た死者の、生者にとってその死後にまで不断に新にせられる愛が、死者に対する生者の愛を媒介にして絶えずはたらき、愛の交互的なる実存協同として、死復活を行ぜしめるのである」[*5]。

実存協同

ここで言われているように、愛によって可能になる、生死を超えた、死者と生者との交互的な関わりを田辺は「実存協同」という独特のことばで言い表した。「実存協同」は、このように死者の生者への愛と、生者の死者への愛を基礎として成立する関わりである。そこでは愛する人を失った者が、亡くなった人と強く結びつき、その結びつきをリアルに感じとっているという関係が生まれている。それは時間が経っても変わらない。あるいは時間が経ってその関わりがいっそう強くなるということもある。「実存協同」ということばは、このような関係を言い表している。

「実存協同」は田辺において、ただ単に、愛する私と汝とのあいだの――言わば閉じた――関係を意味するものではなかった。田辺はそれをむしろ他者に開かれたものとして理解している。そのような観点から禅の一つの公案（禅宗で修行のために参禅者に与えられる課題）に目を向けている。具体的には、代表的な公案集である『碧巌集《へきがんしゅう》』の第五十五則「道吾《どうご》漸《ぜん》源《げん》一家弔慰」を手がかりに、師（道吾という僧）が自らの死を通して弟子のうちに生きて働くこと（死復活）、弟子が自ら悟得した真実をさらに他人に伝え（回施《えせ》）、それを自ら悟らせようとすること、このことを、あるいはそこに生じる関わりをも田辺は「実存協同」ということばで言い表している。

光の世界と闇の世界

田辺元の弟子であった武内義範《よしのり》（1913-2002）も「生と死」（『理想』第二一〇号、一九五〇年）

という論文のなかで、「死」の問題について興味深い考察を行っている。この論文のなかで武内は、光とそれに対抗する闇という比喩を使いながら「死」の問題を巧みに論じている。具体的に言うと、武内は、電灯に照らされた明るい部屋と、その部屋を取り巻く闇とを対比し、部屋のなかの人間が外の闇に対してどのような態度をとるかという比喩を使いながら、人間の死に対するさまざまな態度を問題にしている。明るい室内は、生の世界でもあり、知性の世界でもある。闇はそれに対して、人間の知性の限界の外にあるものでもあり、死でもある。

武内によれば、その闇に対する人間の態度に三つのものが区別される。第一の態度は、光の世界のなかのものだけに目を向け、外の闇にはいっさい目を向けないという態度である。部屋のなかにはたくさんの興味を引くものがあり、それを追いかけるだけで（あるいは、それに追いかけられているだけで）時間は過ぎていく。実際、仕事にしても、勉強にしても、パスカルの言う「気晴らし」にしても、やり始めればどれだけ時間があっても足りない。そういう人には、部屋の外の闇に目を向けようとする人々の行動が不可解に映る。光のもとに興味深いものがこんなにたくさんあるのに、あえて見えない闇を見ようとする人がいるということがまったく理解できない。そしていっそう光の世界に没頭していく。

第二の態度は、外の闇に気づいて、それに目を向けるという態度である。人間の認識や実践の限界、つまり人間の有限性に気づいた人の態度だと言ってよいであろう。そういう人は目を外の闇に向ける。この第二の態度を、武内はさらに二つに分類している。まずある人々は闇の彼方に目を凝らし、部屋の光の反射でかすかに見えるおぼろげなものを見ようとする。そういう人は、もっと光があれば、そのおぼろげなるものがはっきりとみえるのではないかと考えて、室内の照明を明るくすることを考える。つまり、知性をよりいっそう発達させれば、いままで闇に覆われていたものが明らかになると考えて、いっそう知性に、あるいは科学的な認識に頼ろうとする。

それに対して、闇の中のおぼろな光ではなく、むしろ光を吸い込む闇の方を見ようとする人もいる。人間を取り巻く無限なものに大いなる共感を抱く人だと言ってもよいであろう。ただそれらの人々も闇の庭に出て闇そのものに触れようとするのではなく、ただ窓を通して闇を見ようとする。知性の世界のなかから、知性を超えたものを、あるいは死を見ようとする態度だと言えるであろう。

闇と切りはなしえない自己の存在

第三の態度について武内は次のような状況設定のもとで考えようとする。すなわち、室内の照明が突然消え、室外も室内も等しく深い闇に包まれるという状況である。そのなかでは——つまり知性がその光を失ったところでは——、生の意義も生の存在ももはや自明ではない。ただ闇に、あるいは死に包まれている自分だけがある。先の態度のように、窓を通して客観的に闇を見るのではなく、ここでは闇が自分から切り離しえないものになっている。闇、あるいは死にすっぽりと包まれた自分をどう考えるのか、この問いがのっぴきならない仕方で自分に迫ってくる、そういう状況である。そのようなところで「死」は——それは同時にまた「生」は、ということでもあるが——はじめて真の姿で触れられるのではないかというのが、この論文で武内が言おうとしたことであった。

問いを前にして立つ存在

「死」は距離を隔てて客観的な仕方で眺められるものではない。それは眺められるのではなく、私たちが生きているということ、つまり私たちの生にぴったりと張りついている。それに気づいたとき、私たちは「死」についてどのように語りうるのか、自分の「生」にどのような意味を付与しうるのか、この大きな問いの前に私たちは立たされている。それは予め答のある問いではない。一人ひとりが自らの実存を賭《と》して問い、答えていかなければならない問いである。そういう意味で人間とは結局、問いを前にして立つ存在であると言えるかもしれない。

読者の皆さんにも、この避けることのできない、そこから逃れることのできない問いを正面から受けとめ、答を探していっていただきたいと願っている。

＊1 『三木清全集』第一巻二五四頁。

＊2 谷川徹三「三木清」、『人・文化・宗教』(日本経済新聞社、一九六四年) 四八頁参照。

＊3 『中論』観四諦品第二十四、三枝充悳『中論』下 (レグルス文庫、一九八四年) 六五〇頁。

＊4 西谷啓治『随想集風のこころ』(新潮社、一九八〇年) 所収。

＊5 『田邊元全集』第一三巻五七五頁、『田辺元哲学選』Ⅳ二九三頁。

おわりに

「はじめに」で述べたように、本書には、私がつねづね感じていた日本の哲学の歴史、その営みのおもしろさをできるだけ多くの方々にお伝えしたいという意図を込めた。そのために「経験」や「言葉」、「自己」、「自然」、「美」などのテーマを選び、それらの問題が日本の哲学の歴史のなかでどのように論じられてきたのかを概観した。その際、その歴史を網羅的に叙述するのではなく、とくに日本の哲学の特徴や意義がよく見てとれる点に焦点を合わせ、それを重点的に論じた。そのことによって日本の哲学の魅力をより明確に読者の皆さんにお伝えできるようになっていれば幸いである。

＊

最後に、あらためて日本の哲学がもつ特徴やその意義について考えておきたい。もちろん日本の哲学といっても、以上で見たように多様な展開をみせており、その特徴を一つにまとめることはできない。しかし、その多くに見られる特徴として、たとえば思索の具体性、徹底性を挙げることができるのではないだろうか。

古代ギリシアの哲学者アリストテレスもその主著『形而上学』の冒頭で、「人間はすべて、生まれつき知ることを欲する」と述べているが、私たちには何かを知りたいという欲求がある。その欲求が私たちの日々の生活の根底にある。そして私たちは知を積み上げ、学問を作りあげてきた。何かを知るために求められるのは、私たちの思い込みや偏った見方を排除し、物を物として見ることである。見る私と見られる対象、主観と客観との分離がその前提となる。その上で対象をできるだけ正確に把握することが学問成立の条件となる。

物事を正確に把握するために、私たちは、対象を固定し、それを要素に分け、構造を明らかにしようとする。その操作が学問には必須であることは言うまでもない。しかし、そのように見る私と見られる対象とを分離し、分離された対象を固定化し、分割することで、物事はほんとうに把握されるのだろうかという問いもまた生まれてくる。

多くの日本の哲学者の思索の根底には、このような問いがあったと言ってよいのではないだろうか。「知」の意義はもちろん認めつつ、その根源に立ち返って、そこからあらためて「知」の成立を見直してみたいという考えがあったように思われる。

というのも物事は動いてやまないもの、変化してやまないものだからである。私たちには、変わらずにありつづけるもの、自己同一性を保持するものこそ「ある」と言えるものだという固定した観念があるが、はたしてそうであろうか。目の前にある樹木にせよ、

「自由」といった概念にせよ、「私」というものにせよ、変わらずにありつづけるものであろうか。時間とともに変化し、違った相をみせるのではないだろうか。その変化するものを固定化し、分割することには意味があるが、しかしそのことによって私たちは物事をとらえそこなっているのではないか。むしろ固定化し、分割する以前の事柄そのもの、現前しているものそのものに立ち返り、それをその「動性」においてとらえることこそが必要なのではないか。そこからあらためて「知」の意義を考える必要があるのではないか。このような発想が多くの日本の哲学者の思索の根底にあったように思われる。「知」を「知」の形でそのまま受け入れるのではなく、その成立以前に立ち返って理解しようという思索の徹底性、あるいは根源性とも言うべきものがそこにはあった、あるいはあるように思われる。

この現前するものにおいては、見るものと見られるものの区別はない。むしろ両者は一体である。第3講で使ったことばで言えば、事柄は単なる「もの」ではなく、むしろ「こと」としてとらえることができる。たとえば野に咲くスミレを美しいと思い、ウグイスの声を心地よいと感じるとき、そこにあるのは単なる「もの」ではない。私が美しいと思い、心地よいと感じるという「こと」がそこにある。

そこで私たちが経験しているのは、私から区別されたある「もの」の変化や運動が、やはり一つの「もの」と考えられる私に何らかの刺激を与えたということではない。そこにはスミレを美しいと思い、ウグイスの声を心地よいと感じるという「こと」だけがある。そこでは見る私と見られる花との区別はない。

「こと」において重要なのは、「こと」がさまざまな表情で満ちているという点である。スミレの花を見、ウグイスの声を聞いたとき、私たちはやすらぎや喜びを感じる。それが生きる意欲につながっていく。私たちから区別された「もの」にはそうした表情がない。しかし私たちの具体的な経験のなかでは、「もの」は単なる物体としてではなく、そうした表情をもったものとして現前している。この具体的な経験のなかに現前しているリアリティから出発し、そこから「知」がいかに成立してくるのか見ていこうという意図が、日本の哲学者の思索のなかに見てとれるように思われる。

それは日本の哲学者の思索のなかでしばしば知が行為と、理論が実践と深く結びついたものとして意識されていたことにも関わっている。

西洋の哲学においてはたいていの場合、知から身体や欲望、感情などが排除された。その影響を取り除くことで知が知として成立すると考えられた。しかし多くの日本の哲学者においては、知は身体や感情、さらに行為と深く関わっていると考えられている。

たとえば西谷啓治は「行ということ」と題した論考のなかで、私たちの知が本質的に、対象だけに向けられたものではなく、自己自身を知ることに、したがってまた自己自身が内から変化していくことに結びついていることを、つまり知が「全身心的な」ものであることを主張している。湯浅泰雄もまた、東洋思想と西洋の哲学とを比較したときに前者に見いだされる特質として、知が自己の身心全体による「体得」ないし「体認」を通して把握されるものとしてとらえられている点を挙げている。東洋の伝統的な思想で「修行」が重視されたのもそのことに関わっている。

本書では詳しく述べることができなかったが、九鬼周造は一九三〇年に発表した『「いき」の構造』という著作の「序」で、「生きた哲学は現実を理解し得るものでなくてはならぬ」ということばを記している。哲学は論理の世界に閉じこもるのではなく、現実に関わり、その脈動に触れなければならない。そのことによって哲学ははじめて「生きた哲学」でありうるということを述べた文章であるが、日本の哲学の特徴をよくとらえたことばでもあり、日本の哲学が目標とすべきものをよく示したことばであると思う。

以上で見たような、生きた現実に迫ろうとする姿勢、つまり、ものごとを固定したものとしてとらえるのではなく、絶えず変化するものとしてとらえ、そこにどこまでも迫っていこうとする姿勢、既存の「知」の枠組みを超えて、さらにその根源へと迫っていこうとする姿勢、知を単なる知としてではなく、つねに実践と深く結びついたものとしてとらえるものの見方は、過去の哲学者のなかだけに見いだされるものではなく、いまの時代を生きる私たちのなかにも息づいているように思う。それを眠ったものにせず、日々の生活のなかで考え、行動する糧にすることがいま求められているのではないだろうか。

＊

日本の哲学がもつ特徴について述べてきたが、その意義はどこにあるであろうか。たとえば第1講で述べた「世界哲学」への貢献ということが考えられるであろう。

そこで述べたように、「世界哲学」とはさまざまな哲学の営みを統合した唯一の「哲学」を指すのではない。それぞれの文化の伝統のなかで成立した哲学のあいだでなされる対話の営み、あるいはこの対話がなされる場所を指す。以上で述べたような特徴をもった哲学として日本の哲学はその対話の場所でさまざまな貢献を行いうるのではないかと私は考えている。

そのことを、現在われわれとわれわれの時代が直面するさまざまな課題との関わりにおいて考えてみたい。

現代においてわれわれが直面する問題としてすぐに思い浮かぶのは、科学技術の著しい発達が生み出した、あるいは生み出しつつある諸問題である。科学技術は確かにわれわれに多くの利便をもたらした。われわれはその恩恵を抜きに生活を考えることができない。

しかしその著しい発達、たとえば遺伝子の操作や、体細胞からクローン生物を作る技術の開発などは、あらためて生命とはなにか、人間とはなにかという問いをわれわれに突きつけている。また地球規模での環境の破壊や温暖化は、自然との関わりをあらためて問うことを必須なものにしている。

科学技術の発達によって、われわれはわれわれのあり方を根本から変えたと言ってよいであろう。たとえば本書で取りあげた「自然」との関わりで言えば、われわれは自然を畏れ、自然と共存するのではなく、自然をただ単に利用するだけの存在としてとらえるようになった。自然の恩恵のなかで生きるのではなく、自己の欲求を限りなく拡大し、それをどこまでも追い求める存在になっている。「より多く、より早く」と追い求めながら、しかし、われわれはそのように追い求める意味と目的とを見いだせないでいる。そのような仕方でわれわれの足下に大きな空洞が生まれつつある。

もちろん最近になってはじめてそのような問題に気づかれたのではない。たとえばハイデガーは、戦後の早い時期にすでに、技術の本質をすべてのものを「役立つもの」に仕立て上げてしまうところに見ていた。技術は、自然から有用性を引き出すようにわれわれをそそのかし、われわれのうちにある欲望を際限のないものにする。技術が支配するところでは、川はもはや生活のなかの川であるのではなく、発電用のタービンを動かすための水圧と水量として立ち現れてくる。「役立つもの」になるのは自然だけではない。「人的資源」ということばが端的に示すように、人間もまた「資源」として見られるようになっている。つまり有用な存在として見られるようになっている。そのような自然の、そして人間のあり様のなかにハイデガーははっきりと「危機」を見ていた。

しかしあるインタビューのなかで、その危機の克服のために東洋の思想から何かを期待するかと問われたとき、ハイデガーは、技術の支配の克服は、東洋的世界経験を受容することによってではなく、ヨーロッパ的伝統とそれを新しい仕方で自分のものにすることによってのみ可能になると答えている。ハイデガーは東洋の思想に大きな関心を寄せた哲学者であったが（たとえば『老子』の翻訳を試みている）、しかし彼においてはまだ西洋と東洋の対話ということは、本当の意味では求められていなかったと言ってよいのかもしれない。

しかし、近年ではむしろ、技術文明が直面する問題の普遍性が意識されてきている。つまりそれがひとり西洋の問題ではなく、全世界的な問題であることが意識されてきている。私のドイツでの師であったオット・ペゲラーは、日本を訪れた際に、「西田・西谷への西洋からの道」というテーマで講演を行ったが、そのなかでまさにその点を、そしてその克服のためには何より「対話」が必要であることを強調した。

もちろん西洋には西洋の文化と伝統があり、東洋には東洋の文化と伝統がある。そしてそれに基づいたそれぞれの自然理解、歴史理解、人間理解があることは言うまでもない。しかし、そのような差異があるからこそ、逆に、対話が意義あるものとなりうると言うことができる。科学技術の発展がもたらした問題は、それを生みだし、それを支えた人間観や自然観のなかでではなく、むしろそれと土壌を異にした人間観や自然観を対置することによって、——より適切に表現すれば——両者の対話のなかで初めて克服されるにちがいない。近年、西田や田辺、西谷らの著作が英語やその他の言語に翻訳されたり、それらをめぐる多くの研究が発表されたりしているが、それはいま言ったような点に気づかれているからではないだろうか（もちろんその問題だけが意識されているわけではないが）。

かつて西谷啓治の『宗教とは何か』のドイツ語訳（一九八二年）が出版されたとき、ドイツのヴュルツブルク大学のハインリッヒ・ロンバッハ教授が書評の筆を執られた。そのなかで氏は次のように記している。「日本の文化と伝統とは、ヨーロッパの科学技術文明に対して立ち、その唯一性、普遍性に疑いをさしはさむ唯一の、自立した文化であり、伝統である。……技術世界を迂回するのではなく、それを貫く歴史解釈は、日本的—仏教的伝統からのみ提示されるであろう」。日本の文化がヨーロッパの科学技術文明に対して立つ「唯一の」文化であるとは私は考えないが、ヨーロッパの文化と日本の文化との、さらに言えば、それ以外の諸文化との「対話」から多くのものが生みだされるに違いないという確信はもっている。

＊

本書をこのような形でまとめようと思ったのは、講談社現代新書編集部の黒沢陽太郎さんがわざわざ京都まで来られ、いまでもたいていの人にとって哲学といえばソクラテスやデカルト、ヘーゲルなど西洋の哲学であり、日本の哲学者が何を考えてきたのか、日本の哲学が世界の哲学に対してどのような貢献を行ってきたのか、あるいはどのような貢献を行いうるのかということは十分に知られていないのではないかと、日本の哲学に関する著作をまとめる必要性を強調して下さったからである。その熱のこもった勧誘・説得にお応えしたいという思いが本書執筆のきっかけになった。黒沢さんの熱意がなければ本書は成立しなかったと思っている。あらためて感謝申し上げたい。

藤田正勝

二〇二三年一一月一五日

講談社現代新書 2733

日《に》本《ほん》哲《てつ》学《がく》入《にゅう》門《もん》

二〇二四年一月二〇日第一刷発行　二〇二四年八月二三日第二刷発行

著者　藤《ふじ》田《た》正《まさ》勝《かつ》

発行者　森田浩章

発行所　株式会社講談社
東京都文京区音羽二丁目一二―二一　郵便番号一一二―八〇〇一
電話　〇三―五三九五―三五二一　編集（現代新書）
〇三―五三九五―四四一五　販売
〇三―五三九五―三六一五　業務

装幀者　中島英樹／中島デザイン

印刷所　株式会社ＫＰＳプロダクツ

製本所　株式会社ＫＰＳプロダクツ

定価はカバーに表示してあります　Printed in Japan

N.D.C. 102　276p　18cm
ISBN978-4-06-534840-6

「講談社現代新書」の刊行にあたって

教養は万人が身をもって養い創造すべきものであって、一部の専門家の占有物として、ただ一方的に人々の手もとに配布され伝達されうるものではありません。

しかし、不幸にしてわが国の現状では、教養の重要な養いとなるべき書物は、ほとんど講壇からの天下りや単なる解説に終始し、知識技術を真剣に希求する青少年・学生・一般民衆の根本的な疑問や興味は、けっして十分に答えられ、解きほぐされ、手引きされることがありません。万人の内奥から発した真正の教養への芽ばえが、こうして放置され、むなしく滅びさる運命にゆだねられているのです。

このことは、中・高校だけで教育をおわる人々の成長をはばんでいるだけでなく、大学に進んだり、インテリと目されたりする人々の精神力の健康さえもむしばみ、わが国の文化の実質をまことに脆弱なものにしています。単なる博識以上の根強い思索力・判断力、および確かな技術にささえられた教養を必要とする日本の将来にとって、これは真剣に憂慮されなければならない事態であるといわなければなりません。

わたしたちの「講談社現代新書」は、この事態の克服を意図して計画されたものです。これによってわたしたちは、講壇からの天下りでもなく、単なる解説書でもない、もっぱら万人の魂に生ずる初発的かつ根本的な問題をとらえ、掘り起こし、手引きし、しかも最新の知識への展望を万人に確立させる書物を、新しく世の中に送り出したいと念願しています。

わたしたちは、創業以来民衆を対象とする啓蒙の仕事に専心してきた講談社にとって、これこそもっともふさわしい課題であり、伝統ある出版社としての義務でもあると考えているのです。

一九六四年四月　野間省一

哲学・思想Ⅰ

66 哲学のすすめ——岩崎武雄
159 弁証法はどういう科学か 三浦つとむ
501 ニーチェとの対話——西尾幹二
871 言葉と無意識——丸山圭三郎
898 はじめての構造主義 橋爪大三郎
916 哲学入門一歩前——廣松渉
921 現代思想を読む事典 今村仁司 編
977 哲学の歴史——新田義弘
989 ミシェル・フーコー 内田隆三
1001 今こそマルクスを読み返す 廣松渉
1286 哲学の謎——野矢茂樹
1293 「時間」を哲学する——中島義道

1315 じぶん・この不思議な存在——鷲田清一
1357 新しいヘーゲル——長谷川宏
1383 カントの人間学——中島義道
1401 これがニーチェだ——永井均
1420 無限論の教室——野矢茂樹
1466 ゲーデルの哲学——高橋昌一郎
1575 動物化するポストモダン 東浩紀
1582 ロボットの心——柴田正良
1600 ハイデガー＝存在神秘の哲学——古東哲明
1635 これが現象学だ——谷徹
1638 時間は実在するか 入不二基義
1675 ウィトゲンシュタインはこう考えた 鬼界彰夫
1783 スピノザの世界——上野修

1839 読む哲学事典——田島正樹
1948 理性の限界——高橋昌一郎
1957 リアルのゆくえ——大塚英志 東浩紀
1996 今こそアーレントを読み直す——仲正昌樹
2004 はじめての言語ゲーム——橋爪大三郎
2048 知性の限界——高橋昌一郎
2050 超解読！ はじめてのヘーゲル『精神現象学』 竹田青嗣 西研
2084 はじめての政治哲学 小川仁志
2099 超解読！ はじめてのカント『純粋理性批判』 竹田青嗣
2153 感性の限界——高橋昌一郎
2169 超解読！ はじめてのフッサール『現象学の理念』——竹田青嗣
2185 死別の悲しみに向き合う——坂口幸弘
2279 マックス・ウェーバーを読む——仲正昌樹

哲学・思想Ⅱ

宗教

27 禅のすすめ——佐藤幸治
135 日蓮——久保田正文
217 道元入門——秋月龍珉
606 「般若心経」を読む——紀野一義
667 生命《いのち》あるすべてのものに マザー・テレサ
698 神と仏——山折哲雄
997 空と無我——定方晟
1210 イスラームとは何か——小杉泰
1469 ヒンドゥー教 クシティ・モーハン・セーン 中川正生 訳
1609 一神教の誕生——加藤隆
1755 仏教発見！——西山厚
1988 入門 哲学としての仏教 竹村牧男
2100 ふしぎなキリスト教——橋爪大三郎 大澤真幸
2146 世界の陰謀論を読み解く——辻隆太朗
2159 古代オリエントの宗教 青木健
2220 仏教の真実——田上太秀
2241 科学vs.キリスト教——岡崎勝世
2293 善の根拠——南直哉
2333 輪廻転生——竹倉史人
2337 『臨済録』を読む——有馬頼底
2368 「日本人の神」入門——島田裕巳

Ⓒ

政治・社会

世界の言語・文化・地理

958 英語の歴史——中尾俊夫
987 はじめての中国語——相原茂
1025 J・S・バッハ——礒山雅
1073 はじめてのドイツ語 福本義憲
1111 ヴェネツィア——陣内秀信
1183 はじめてのスペイン語 東谷穎人
1353 はじめてのラテン語 大西英文
1396 はじめてのイタリア語 郡史郎
1446 南イタリアへ!——陣内秀信
1701 はじめての言語学 黒田龍之助
1753 中国語はおもしろい 新井一二三
1949 見えないアメリカ——渡辺将人
2081 はじめてのポルトガル語 浜岡究
2086 英語と日本語のあいだ 菅原克也
2104 国際共通語としての英語 鳥飼玖美子
2107 野生哲学——管啓次郎 小池桂一
2158 一生モノの英文法——澤井康佑
2227 アメリカ・メディア・ウォーズ——大治朋子
2228 フランス文学と愛——野崎歓
2317 ふしぎなイギリス——笠原敏彦
2353 本物の英語力——鳥飼玖美子
2354 インド人の「力」——山下博司
2411 話すための英語力 鳥飼玖美子

日本史Ⅰ

日本史Ⅱ

2319 昭和陸軍全史3──川田稔
2328 タモリと戦後ニッポン　近藤正高
2330 弥生時代の歴史──藤尾慎一郎
2343 天下統一──黒嶋敏
2351 戦国の陣形──乃至政彦
2376 昭和の戦争──井上寿一
2380 刀の日本史──加来耕三
2382 田中角栄──服部龍二
2394 井伊直虎──夏目琢史
2398 日米開戦と情報戦──森山優
2401 愛と狂瀾のメリークリスマス　堀井憲一郎
2402 ジャニーズと日本──矢野利裕
2405 織田信長の城──加藤理文
2414 海の向こうから見た倭国　高田貫太
2417 ビートたけしと北野武　近藤正高
2428 戦争の日本古代史──倉本一宏
2438 飛行機の戦争 1914-1945──一ノ瀬俊也
2449 天皇家のお葬式──大角修
2451 不死身の特攻兵──鴻上尚史
2453 戦争調査会──井上寿一
2454 縄文の思想──瀬川拓郎
2460 自民党秘史──岡崎守恭
2462 王政復古──久住真也

知的生活のヒント

M

心理・精神医学

L

日本語・日本文化

105 タテ社会の人間関係 中根千枝
293 日本人の意識構造――会田雄次
444 出雲神話――松前健
1193 漢字の字源――阿辻哲次
1200 外国語としての日本語――佐々木瑞枝
1239 武士道とエロス――氏家幹人
1262 「世間」とは何か――阿部謹也
1432 江戸の性風俗――氏家幹人
1448 日本人のしつけは衰退したか――広田照幸
1738 大人のための文章教室 清水義範
1943 なぜ日本人は学ばなくなったのか――齋藤孝
1960 女装と日本人――三橋順子

2006 「空気」と「世間」――鴻上尚史
2013 日本語という外国語 荒川洋平
2067 日本料理の贅沢――神田裕行
2092 新書 沖縄読本――下川裕治 仲村清司 著・編
2127 ラーメンと愛国――速水健朗
2173 日本人のための日本語文法入門――原沢伊都夫
2200 漢字雑談――高島俊男
2233 ユーミンの罪――酒井順子
2304 アイヌ学入門――瀬川拓郎
2309 クール・ジャパン!? 鴻上尚史
2391 げんきな日本論――橋爪大三郎 大澤真幸
2419 京都のおねだん――大野裕之
2440 山本七平の思想――東谷暁